阿米巴+合伙制

胡八一 ◎著

图书在版编目（CIP）数据

阿米巴＋合伙制 / 胡八一著. -- 北京：中国经济出版社，2024.1
ISBN 978-7-5136-7620-5

Ⅰ.①阿… Ⅱ.①胡… Ⅲ.①企业管理 Ⅳ.①F272

中国国家版本馆 CIP 数据核字（2024）第 002098 号

责任编辑　贾轶杰
责任印制　马小宾
封面设计　久品轩

出版发行	中国经济出版社
印 刷 者	河北宝昌佳彩印刷有限公司
经 销 者	各地新华书店
开　　本	880mm×1230mm　1/32
印　　张	8.125
字　　数	155 千字
版　　次	2024 年 1 月第 1 版
印　　次	2024 年 1 月第 1 次
定　　价	58.00 元

广告经营许可证　京西工商广字第 8179 号

中国经济出版社 网址 www.economyph.com 社址 北京市东城区安定门外大街 58 号 邮编 100011
本版图书如存在印装质量问题，请与本社销售中心联系调换（联系电话：010-57512564）

版权所有　盗版必究（举报电话：010-57512600）
国家版权局反盗版举报中心（举报电话：12390）　服务热线：010-57512564

序言 PREFACE

阿米巴+合伙制=钢筋+水泥

老板依靠自身个人力量就能持续支撑一家企业的时代已经一去不复返了！这是无须争论的事实。

曾几何时，广东顺德加工制造企业老板，凭着与美的公司老板处在同一个公社（曾经的乡镇行政单位）的老友关系，随便拿下一个电饭煲的锅盖提手的订单，也能成全一家三五百人的企业。还需要销售人员吗？

曾几何时，沿海省份的出口贴牌企业，老板只需要在广交会上参展，外贸订单就像雪花一样飞来。客户来图、来样，甚至指定上游厂家供应核心的原料、材料、配件、组件，一家三五百人的工厂就能拔地而起。还需要产品设计人员吗？

曾几何时，房地产企业只要能够拿到土地，主要问题就解决了，接下来的开发资金、设计、招标、施工、监理都不成问题。销售就更不用说了，都是顾客在抢购。能够拿到土地的是谁？老板。还需要资源开发人员吗？

如今，老板一个人已经撑不起一家企业了，就需要找销售人员、产品设计人员、资源开发人员……你找，人家也在找，那就比拼哪家给的待遇好。

最初比拼的是工资、环境、假期三个方面。应聘人员在面试时最关心的是"每月固定工资多少，是不是包吃包住；宿舍里有没有空调、能不能上网；每周休息几天、要不要加班"。

接着比拼的是综合收入、人际关系、培训机会三个方面。综合收入当然包括固定工资之外的奖金、提成、五险一金等，但决定员工去留的最重要的还是人际关系。与老板、上司，甚至与同事一言不合，员工第二天就不来上班了。

这一路比拼下来，老板发现，人工成本太高了，而且还招不到人。关键是花了那么多时间、精力、资金培养好的人才，同行答应多给其一半的工资，其就立刻跳槽了。

于是老板们也在苦思冥想，终于参透了，这回轮到老板主动来比拼了，比拼怎么分：分责任、分权力、分利益！也就是说，如今比拼的就是经营模式、治理结构、企业生态三个方面。

前面两次的比拼是单向流动的，从企业流向员工，企业多付出，员工多获得。对于老板来说，这是被动的比拼。

现在的比拼是双向的，既从企业流向员工，也从员工流向企业。老板可以多分享利益给员工，关键是员工也要多分担责任。为了能够有效地多分担责任，老板还得多让员工分使权力！没有权力也是无法履行职责的。

于是，好的经营理念形成了，接下来在于如何落地。

首先，老板拿哪部分利益来分给大家？

比如公司上年利润100万元，都是老板个人的，今年的利润还是100万元，老板拿80万元，另外20万元分给员工。可以吗？

大多数老板不乐意！老板分利给员工的目的是鼓励员工更努力地工作，从而一起赚更多钱，并不是减少老板的所得！即使老板愿意分出去20万元给员工，能够减轻自身负担，那也值！可是如果没有达到这个效果呢？那老板分利有意义吗？

其次，员工到底分担什么责任？

一说到责任，我们很容易想到如下几种情形：

销售人员的责任是把产品卖出去、把款收回来，研发人员的责任是把产品开发出来，生产人员的责任是把产品制造出来，采购人员的责任是把生产物资等买回来，人力资源部的责任是把人员招聘过来……这也没错！问题是，大家都这么做了，最终公司还是亏损了。

现在问题来了，原来定了某员工年薪50万元的，也定了相应的"责任",甚至把"责任"转化成了业绩指标,而且还规定,如果该员工没有达到目标,就只能拿30万元或40万元,这似乎更加合理。但是公司今年是亏损的,老板不但没有赚一分钱,还要把以前分红的钱拿出来倒贴。

那么这个"倒贴"的责任该不该分担给员工呢?

如果应该,那就意味着员工也要倒贴,他们会干吗?

如果不应该,那么他们承担责任的意义究竟有多大呢?

最后,分权,到底分什么权?

我有个咨询客户是经营连锁商超的,老板想让店长对本店的经营利润负责,而不是像以前那样对营业收入负责,因为企业最终要的是利润,而不是收入。

老板召集店长开会,说明这个事,店长们就议论纷纷:"要我们对利润负责也可以,只是影响利润的因素很多,如果我们不能掌控,就等于掌握不了利润。"老板说:"你们想怎么干?"店长们说:"那就得要分享一定的权限!"

分采购权吗?买贵了,成本就高了,可能损失利润,谁来承担责任呢?

分销售定价权吗?你们肯定希望价格越低越好,损失了利润怎么办?

老板生气了,店长不出声了……

那么，到底有没有一种经营管理模式可以让老板更轻松、企业更强大、员工收入更高呢？

这也是我写本书的目的！

许多老板问：究竟有什么办法能使员工像老板一样搏呢？

答案就是鼓励员工在"公司"这个平台上当"二老板"。"二老板"多赚的同时，也为公司多赚、为大老板多赚，何乐而不为呢？

老板问：我也听过股权激励，但是员工持股比例少，就没有搏的动力，该怎么分才合适呢？

我给他举了个例子。企业生产部的主要考核指标是交货时间、产品质量、制造成本（Time、Quality、Cost，TQC）。也就是说，生产部的所有人员的工资、奖金很大程度上取决于他们的TQC。你让一个生产部的员工去关注公司的利润，这件事大到他关注不了时，他就会放弃。同理，生产部的员工觉得自己关注了TQC也没用（与分红无关），也会放弃关注。

老板说：我明白了。你的意思是让生产部的员工持有生产部的股份，这样他们所持有的股份比例就比较大，他们的努力程度就会与分红的状况紧密关联，从而真正激他们去搏。

现在，我就把各位老板关心的几个核心问题列出来，看看是不是你的疑惑？

问题1：关于有限公司与合伙企业、股东与合伙人。

§它们之间到底有什么区别与联系？

§与员工共同注册有限公司好还是合伙企业好？

§注册好还是不注册好？

§让员工做股东好还是做合伙人好？

§以上问题的利弊何在？

问题2：关于员工的股份来源与其所在部门的关系。

§部门的市值怎么评估？有的是轻资产、有的是重资产。

§如果部门比较大，如制造部，是不是还可以进一步细分到车间、班组？

§是不是每个部门都有利润呢？没有利润的部门拿什么分红？

§没有交易就没有利润，那么谁与谁交易？如何交易？

§同一级别的员工拿不同部门的股份，部门有大小，会不会造成不平衡？

问题3：关于员工个人持股多少的问题。

§不同级别的员工占多少股份比例才是合理的？

§员工的股份少了，激励不够；如果多了，原有股东的利益会不会受损？

§想让员工比你还搏，就让他得的比你多，那么老板岂不是失控了？

§员工说，股份想要，也想合伙，就是没钱入股，怎么办？

§如果只持有本部门的股份，他们还会关心整个公司的利益吗？

问题4：关于分红与退出机制。

§公司以前很少分红，员工合伙以后必须每年都分红吗？

§分红是按股份多少来分，还是要参考员工的业绩呢？怎么参考？

§老板没在合伙企业中拿工资，合伙的员工还要不要拿工资？

§如果工商注册了，员工离职时，他的股份怎么办？

§这些分红与企业所得税、个人所得税是什么关系？

我这里把"企业内部员工持股或合伙"的问题要点归纳为以下两句话，作为方案设计及方案实施中可能会遇到的问题的总方向。

第一句：

出钱多的，不一定股份多；

股份多的，不一定分红多。

第二句：

最重要的是合伙企业的利润能否算得清楚，患不均；

其次才是每一位合伙人能够分得多少，不患寡！

因此，若想持续、有效实施企业内部合伙机制，最好是先实施阿米巴经营模式，把每个部门的利润计算得清清楚楚，大家都认可了计算规则，员工才敢大胆地拿钱出来合伙，否则老板想让合伙企业没有利润是很容易的，比如提高合伙企业在总公司内部采购的商品和服务，降低合伙企业输出给其他部门的产品和服务的价格。这也是很多企业员工不敢、不愿意拿钱出来合伙的原因。

因此，再送读者一句话：

阿米巴＋合伙制＝钢筋＋水泥＝基业长青。

胡八一
2022 年 10 月 15 日

01 第一章
为何要推行阿米巴经营模式 /1

第一节 什么是阿米巴经营模式 /3

第二节 阿米巴经营模式之组织划分 /18

第三节 阿米巴经营模式之会计核算 /21

第四节 阿米巴经营模式之激励机制 /33

第五节 阿米巴的收益及产生高收益的条件 /35

02 第二章
为何需要实施合伙制 /43

第一节 合伙制的背景 /45

第二节 什么是合伙制 /50

第三节 为何需要合伙制 /53

第四节 合伙制为什么最能产生效能 /56

03 第三章
如何实施合伙制之三点思考 /59

第一节 何事需要合伙 /61

第二节 合伙制的适用场景 /64

第三节 与什么人合伙 /70

04 第四章
如何实施合伙制之四步流程 /73

第一节 确定合伙人 /75

第二节 确定权责分工 /83

第三节 确定股份占比 /98

第四节 确定合伙协议 /121

05 第五章
合伙制的五大机制 /125

第一节 责任与授权机制 /127

第二节 目标与考核机制 /132

第三节 审计与监察机制 /137

第四节 分配与激励机制 /138

第五节 退出与结算机制 /220

06 第六章
柏明顿管理咨询客户成功案例 /229

第一节 连锁行业成功案例 /231

第二节 制造行业成功案例 /236

第三节 快销行业成功案例 /240

阿米巴+合伙制
AMOEBA

第一章

为何要推行阿米巴经营模式

"阿米巴经营模式"的核心内容就是"划小核算单元、单元独立核算；实施内部定价、进行内部交易"。

如果企业内部在某个部门实行合伙制，那么前提是这个合伙制的部门必须能够独立核算，即清楚收入多少、支出多少、收益多少，否则它的收益就是一笔糊涂账。如果合伙人的收益得不到公开、透明的保障，谁还敢跟公司老板合伙？而且，既然是公司内部的一个部门，就算这个部门采用合伙制，它也难免与其他部门进行产品或服务的交易，也包括与其他部门分摊一些公共费用。如果交易没有定价、费用分摊不清楚，又何谈"清楚的独立核算"呢？

阿米巴+合伙制

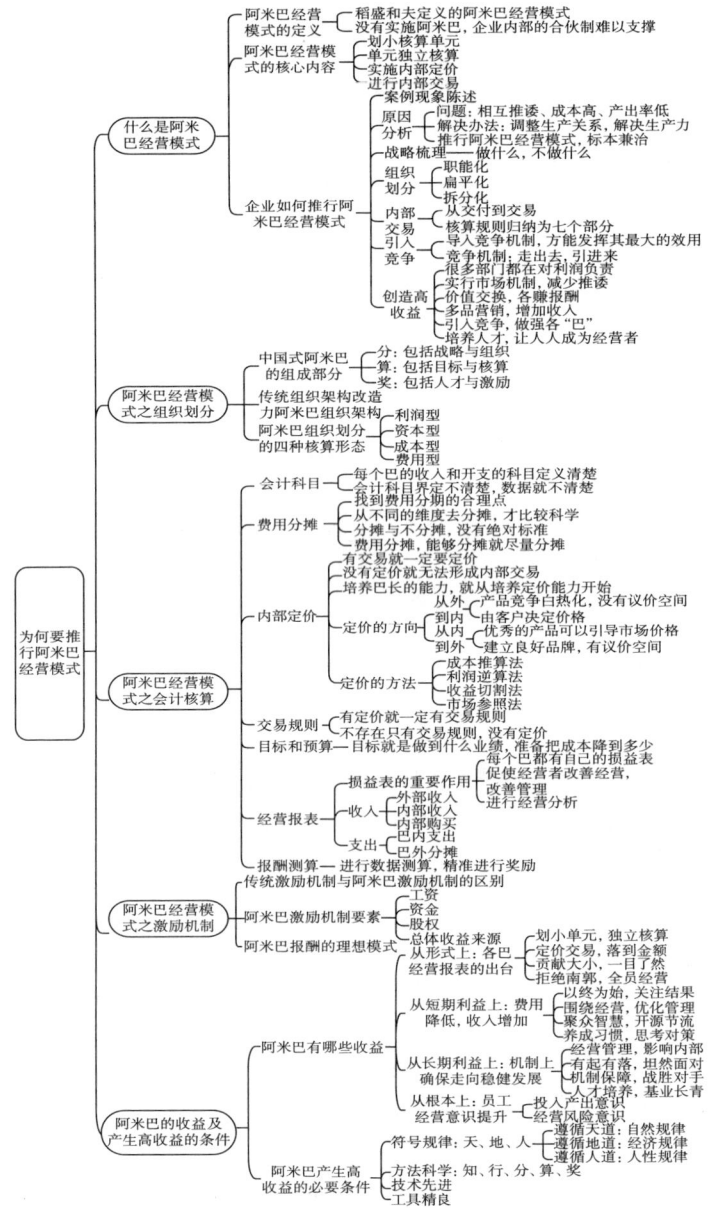

2

第一节　什么是阿米巴经营模式

稻盛和夫定义的阿米巴经营模式，它的核心内容就是"划小核算单元、单元独立核算；实施内部定价、进行内部交易"。

胡八一观点：*没有实施阿米巴，企业内部的合伙制难以支撑！*

即在正确的经营理念的指导下，把一个大的组织分成若干个小的组织，然后每一个组织都独立核算，内部交易，从而在公司内部培养具有经营意识的领导，实现全员参与，也就是实现人人成为经营者。

如果没有特别说明，本书中的"阿米巴经营模式""阿米巴模式"和"阿米巴"都是同一个意思。某个部门、科室、车间或班组，若采用了阿米巴模式，我们就称这个单位为"巴"，如采购巴、生产巴、销售中心东北巴等。

我们通过一个案例来说明什么是阿米巴经营模式，企业如何来推进阿米巴经营模式。

【现象陈述】

在柏明顿咨询客户当中，有一家企业，它的整个产业链是购买种蛋、孵小鸡、饲养成鸡，再将成鸡屠宰。屠宰之后

把一部分鸡肉直接销售，另一部分像鸡爪之类的就做成深加工食品。

有一天，这家公司的老板非常生气。正常情况下，从买种蛋到孵成小鸡，通常需要一个星期，成功孵出小鸡的比例大概是95%。然而这一次用了8天时间，孵出小鸡的比例只有50%，这无疑增加了公司的成本。

企业老板训斥这个孵小鸡的部门负责人说："你是怎么回事？怎么8天才孵出50%呢？"

这个孵小鸡的负责人回答道："这事不能怪我，因为这个鸡蛋有问题。"那到底是鸡蛋的问题，还是孵小鸡的问题呢？这个官司就打不清楚了。

祸不单行。本来孵出的小鸡交给饲养成鸡的部门，35天就可以把小鸡养到1.5公斤左右，而且存活率也能达到95%。结果这个饲养也出了问题，45天之后也只有60%的存活率。

老板就开始训斥这个饲养成鸡的负责人说："你怎么回事，怎么养小鸡的？都养成宝贝了。"

饲养成鸡的负责人委屈地说："老板，这不能怪我，这个小鸡的基因有问题。你想，我以前也是这样饲养小鸡的啊。"那到底是饲养成鸡的出了问题，还是这个小鸡的基因有问题？这个官司也打不清楚。

关键的问题是，因为成鸡没有及时养出来，那公司屠宰的部门也就没事干了。那销售部门呢，也没有成品去销售了。所以，可能后面一系列部门都会停工、停产。

【原因分析】

柏明顿的咨询顾问通过调研诊断以后认为,如果要彻底解决这家公司的问题,比如相互推诿、成本居高不下、产出率比较低等,以传统的管理模式根本无法办到,而是要采取中医"调理+药物"的治疗模式,即通过"调整生产关系"来"解放生产力"。也就是说,今天的种种问题,有的根本就不是"管理"造成的,而是"经营模式""公司体制"及"激励机制"造成的,是底层逻辑的生产关系出了问题,要推行阿米巴经营模式,标本兼治。

那么,这家公司是怎么推行阿米巴经营模式的?如图1-1所示。

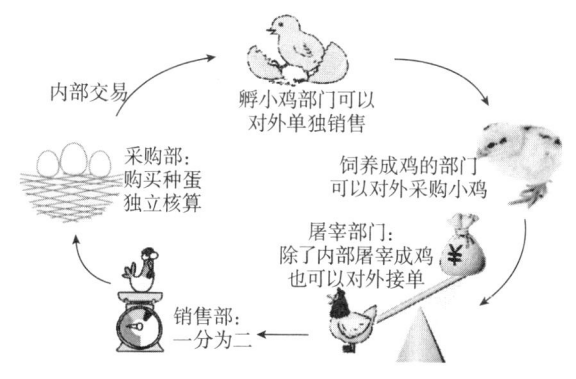

图1-1 整个公司内部的价值链贯穿

【战略梳理】

很多中国老板巴不得什么都做,而且是自己做!这个最早是受苏联经济模式的影响。以前一个国营单位往往就是一个独立的社区,从托儿所、幼儿园到退休职工老年活动中心;

从商店、食堂到婚姻介绍所；从原料采购、加工、部件到组装……无所不包。

这家公司虽然没有那么夸张，但整个产业链是不是都需要有呢？现今全球的企业分工不是越来越细了吗？结果就是（如图1-2所示）：

（1）种蛋采购、小鸡孵化：不加投入、自谋发展。

（2）饲养成鸡、鸡肉销售：增加投入、大力发展。

（3）屠宰车间：挖掘潜力、提升效率。

（4）终端品牌：业务出售、加速退出（没算账不知道，一算账年年亏损）。

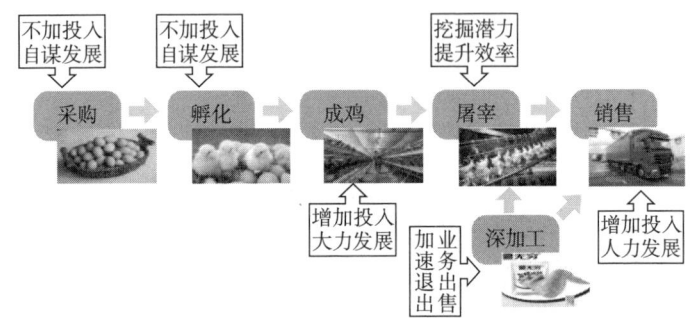

图1-2　战略梳理

【组织划分】

所谓组织划分，就是把整个公司划分为若干个可以独立核算的单元，每个单元就是一个"阿米巴"。一个大阿米巴又可以按层级往下分为二级阿米巴、三级阿米巴……这是导入阿米巴模式的第一步。

我在《人人成为经营者——中国式阿米巴实施指南》《阿米巴核能》《阿米巴组织划分》等书中特别强调过：阿米巴组织划分的最佳效果往往来自组织重组，然后在新组织架构下进行阿米巴划分。这也是我们为若干家企业辅导实施阿米巴经营模式的经验总结。这家公司也不例外，我们的顾问师在深度调研时，发现组织体系的问题很大，已经很明显地制约了生产力的发展，于是我们便将组织架构进行了重组，如图1-3所示。

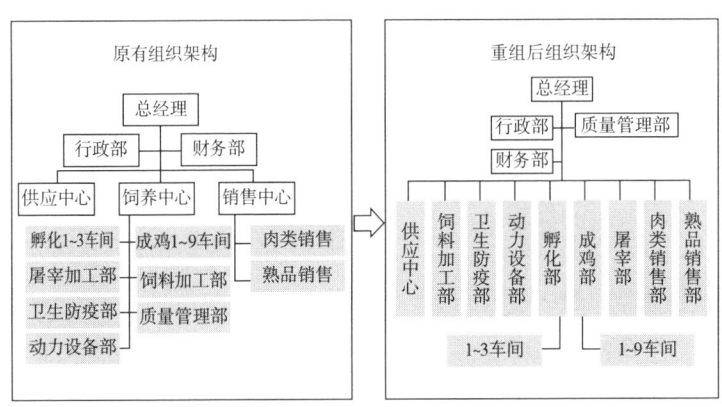

图1-3　组织重组与阿米巴划分

从图1-3中我们可以看出组织架构重组前、后的变化，主要归纳为以下三点：

（1）职能化。

将不能或暂时不想进行内部交易、独立核算的质量管理部列为职能部门。

（2）扁平化。

图1-3已经展示得很清楚了，不再赘述。

有一次我用这个PPT在给北京大学总裁班讲课时,有个老板学员问我:胡博士,我记得《组织行为学》上说到过,一个上级通常能够管理七八个部属,而你的这个组织架构图上,这位总经理直管的部属有12个之多,这怎么讲?

我说,一位年轻的妈妈能够同时带两个孩子就忙得不得了,因为要负责他们的衣食住行,而且小孩还经常争吵、打架,妈妈需要劝阻、协调。可是等孩子大了,妈妈还会为两个孩子忙得不可开交吗?部门之间以前的争吵、协调已经由内部交易的市场机制解决,还需要管理者协调吗?这就是阿米巴组织优越于传统组织之处。

(3)拆分化。

把饲养中心拆分、把销售中心拆分。这里我简单把销售中心拆分的理由说明一下。

虽然都是销售,但是销售鸡肉和销售熟食完全是两码事。前者只是一般的食材供应商,冷冻后以卖给批发商为主,也有直接供货给B端客户的,如酒店、餐馆、超市等;后者则主要面对C端客户,还需要做一定促销、广告等。因此两者的销售对象不同、销售渠道不同、销售方式不同、销售技巧不同,把他们放在同一个领导下,肯定会有顾此失彼的现象,还不拆分开来,各自做大。

【内部交易】

稻盛和夫老先生把这部分称为"经营会计"。我在讲课和做咨询项目的时候,发现很多人对"会计""财务"这类字眼不太喜欢,因为自己不懂财务,对数字也不敏感。那我就给大家一个比较喜欢的名词吧:核算规则。

我把核算规则(经营会计)的具体工作归纳为七个部分,这部分的内容在《阿米巴经营会计》中有非常详细的介绍,这里只以"内部定价"为例加以说明(见图1-4)。

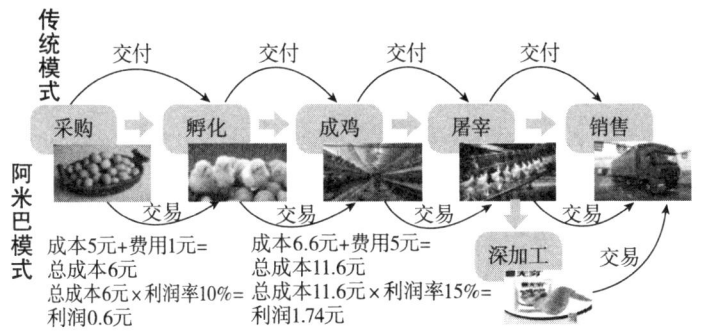

图1-4 内部定价

如图1-4所示,假如市面上的种鸡蛋是5元/个,而采购费用需要1元/个,那么,平均每个种鸡蛋的总成本就是:

成本5元+费用1元=6元/个

如果公司规定采购部不留利润,那么采购部就以6元/个的价格卖给孵化部。

如果公司规定采购部需要有10%的利润,即0.6元/个,采购部销售种鸡蛋给孵化部的价格就是:

总成本6元+利润0.6元=6.6元/个

孵小鸡的部门,买来的种蛋是3元,如果每孵一只小鸡的成本费用是2元,那么就是5元。在不加利润的情况下,就以 5 元/只的价格卖给饲养成鸡的部门。

饲养成鸡的部门，要加上饲料、防疫、分摊、折旧等成本费用，比如说是 30 元，30 元加上以前的 5 元就是 35 元。

假如到了 4 个月，饲养成鸡的标准是 3.5 斤，那么刚好一斤鸡肉的成本就是 10 元。再加上屠宰费用，假如是一斤鸡肉加 1 元，那一斤鸡肉的成本就是 11 元。

屠宰部门以一斤鸡肉 11 元的价格卖给销售部，销售部门再加上适当的价格卖给消费者或者客户。

这个就是阿米巴模式的第二步——内部定价进行交易。

【导入竞争】

阿米巴运行到一定程度之后，必须导入竞争机制，方能发挥其最大的效用，否则就会有老板抱怨："阿米巴言过其实，我们实施之后并没有明显地改善经营业绩！"事实上，是我们没有用好阿米巴模式，而不是它的效用值得怀疑。

那么如何导入竞争呢？如图 1-5 所示。

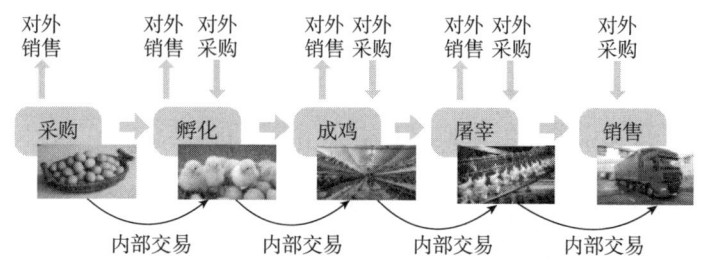

图 1-5　导入竞争机制

整个价值链中第一个环节的竞争：种蛋 vs 孵化

采购部买回来的种蛋，除了销售给公司内部的孵化部门（多个车间）以外，还可以对外销售。

孵化部门可以从公司采购部门购买种蛋，也可以对外购买种蛋。

反过来，采购部可以选择是否将种蛋卖给孵化部门。

整个价值链中第二个环节的竞争：孵化 vs 成鸡

孵化出来的小鸡，一部分销售给公司内部的成鸡部门（多个车间），另一部分可以对外销售。

成鸡部门可以对内采购孵化部门的小鸡，也可以对外采购小鸡。

反过来也一样，孵化部门可以卖给成鸡部门，也可以不卖给他们。

……

后面的各个环节也是诸如此类的竞争机制。

为什么要导入竞争机制呢？

我们知道，从交付到交易，就是从"我做了"到"我做成了"的转变，也就是从"关注过程"到"关注结果"的转变。

以前各部门都是给老板打工，现在不是了，转变成各个部门给各自的下游客户打工了。老板是很容易被上下游联合起来忽悠的，因为老板怎么可能知道那么多细节呢？现在不一样了，上下游是买卖关系，如果下游购买了上游不好的产品或服务，就要自己承担后果，没有人愿意这么做。比如你孵化的小鸡一看就病恹恹的，我成鸡部门才不要呢，否则成活率一低，我的成本就加大了，会导致我这个巴亏损。一亏损，自己的工资、奖金、分红肯定受影响！这时候成鸡部门就会考虑购买外部的小鸡了。

所以，导入竞争机制会提高公司内部各个部门的产品质量和服务态度，从而增强公司整体的竞争力，必然会促使各个巴关注利润。

第三步，就是员工的报酬不是老板发的，而是通过交易自己的服务或产品而获得的。

这家公司导入阿米巴经营模式以后，内部的推诿大为减少。对于饲养成鸡的部门来说，如果你觉得这个小鸡孵得不好，那你可以去外面采购。对于孵小鸡的部门来说，如果饲养成鸡的部门给的价格太低，那你就可以把小鸡对外销售。这样一来，整个公司内部的价值链就贯穿起来了，加上外部的竞争，就会极大提升内部竞争力。

后来，这个孵小鸡的部门对外的销售业绩比较好，这个负责人就找到老板说："我们能不能再开一条流水线？因为我对外的销售越来越多了。"老板说："可以，咱们合伙，你出一部分钱，我出一部分钱，通过合伙制的模式增加另外一条流水线，进行规模化的孵小鸡。"

这家饲养公司导入阿米巴经营模式之后，公司收入提升是非常明显的。通过经营数据，它的销售收入同比增长达到

2.59倍，即增长了159%；利润增长将近3倍。由于以前很多闲置人员都被裁减了，公司成本也减少了，从而增加了很多收入，固定成本的费用分摊也就低了，阿米巴经营的效果非常显著。

【创造高收益】

通过上面饲养成鸡的案例，我们可看出中国式阿米巴"分、算、奖"模式带来很大的收益（见图1-6）。

图1-6 中国式阿米巴带来的收益

第一，公司很多部门都在对利润负责。如果一家公司有很多个部门、很多人都在对利润负责，那么就会减轻老板对利润负责的压力。比如说，孵小鸡的部门，以前浪费了很多鸡蛋，浪费了就浪费了吧，大不了绩效考核不合格，只被扣一些工资。也就是说，企业从员工身上因为绩效考核而减少的工资支出，当然是远远不够来弥补员工没有做好工作所带来的损失。导入阿米巴经营模式后，更多人在负责利润，其实是可以解放老板的。

第二，实行市场机制，减少推诿现象。比如在正常情况下，100个鸡蛋是可以孵出95只小鸡的。那万一没有孵出这么多小鸡呢？到底是鸡蛋的问题，还是孵小鸡的问题？这个问题很难判断清楚。而实行市场机制以后，公司各个部门相互进行定价交易，就会减少推诿现象。

第三，价值交换，各赚报酬。孵小鸡的部门，只有孵出了小鸡，然后卖给饲养成鸡的部门，才能获得报酬，包括固定费用的分摊，以及员工的收入。

第四，多品营销，增加收入。销售部门以前只是销售鸡肉和深加工鸡肉食品，现在可以卖鸡蛋、卖小鸡、卖成鸡、卖鸡肉，也可以卖深加工产品等。屠宰部门不仅负责公司内部的屠宰成鸡业务，也可以对外接单，这无疑将增加这个部门的收入。当然我们要注意的是，公司各部门进行多品营销，必须是在一个价值链里。如果今天养鸡，明天却去养猪，那就不是在一个价值链。

第五，引入竞争，做强各"巴"。对于饲养成鸡的部门来说，如果你觉得孵化部门的小鸡又贵又不好，不容易饲养成鸡，那么你可以对外采购。在这种内外部的竞争压力之下，孵化小鸡的部门不敢再像以前一样懈怠，必须认真地工作，把健康的小鸡提供给饲养成鸡的部门。否则，饲养成鸡的部门就可以不买你的种鸡了，那就意味着孵化小鸡的部门将面临很大的经营压力。

第六，培养人才，让人人成为经营者。其实培养一个经营性人才，比培养一个管理人才难得多。管理人才，主要是把工作做得更高效，关注的是正确地做事。而经营性人才，首先关注的是做正确的事。这还是有一定区别的。

【阿米巴核心工作】

我们通过上面饲养成鸡的案例，总结出中国式阿米巴的核心工作内容（见图1-7）。

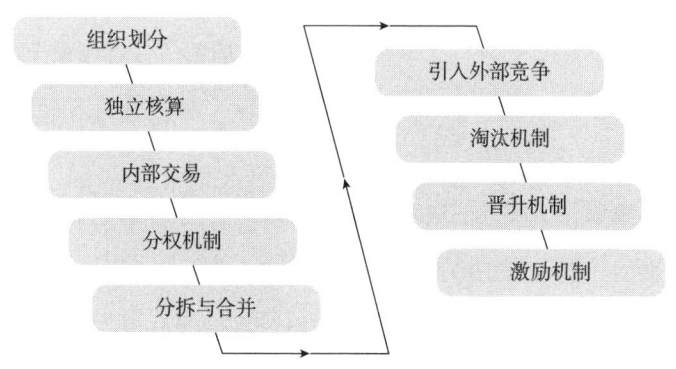

图1-7 中国式阿米巴的核心工作内容

第一，组织划分，即把一个大的组织分成若干个小的组织。

第二，独立核算。每一个组织都独立核算，例如，采购部对内销售多少，对外销售多少；孵小鸡的部门对内销售多少，对外销售多少；成本是多少，费用是多少，损益是多少；等等。每个部门独立核算成本和收益。

第三，内部交易，进行定价。采购部门凭什么说一个鸡蛋是2元，然后要加上1元的费用，你得有个算法，才能定价。

第四，分权机制，把权力赋予部门。比如孵小鸡的部门，成立阿米巴之后，发现不需要这么多人，人浮于事，这时你有权力精减人员了。

第五，分拆与合并。比如企业新成立了一个孵小鸡的部门，这个部门现在有6个车间，如果哪个车间的成本过高，导致这个车间亏损，就有可能由那个业绩好的车间去并购这个做得不好的车间。而车间负责人，以前负责分管一个车间，现在可以管理两个车间，也就意味着这个车间负责人有两部分的收入了。

第六，引入外部竞争，这是阿米巴经营模式中很重要的一部分。对于孵小鸡部门来说，你可以采购公司内部的种蛋，也可以到外面去采购种蛋；对于饲养成鸡的部门来说，你可以在公司内部购买小鸡，也可以购买外面的小鸡。这就引入了外部竞争。

第七，淘汰机制。不管是个人还是"巴"，如果经营不善，就会被淘汰。

第八，晋升机制。对于阿米巴经营者来说，以前你分管一个车间，现在管理两个车间，你自然就晋升为一个大"巴"的管理者了。

第九，激励机制。以前在公司，不管你是车间主任，还是普通工人，都由公司老板来发工资，现在就不一样了，你是通过交易来获得收入，你交易得越多，就挣得越多。

总体来讲，阿米巴经营模式是一种比较好的经营模式，这个是不容怀疑的，关键在于不同的企业根据不同的特点来针对性地制订方案，这样才能使阿米巴经营在更多的企业落地生根。

第二节 阿米巴经营模式之组织划分

中国式阿米巴包括哪几个部分呢？简单来归纳，即分、算、奖。分，就是把公司分成若干个独立核算的经营单元；算，就是单元之间通过内部定价进行内部交易；奖，就是员工的工资、奖金甚至股权完全来自本单元。中国式阿米巴与稻盛式阿米巴包含的内容如图1-8所示。

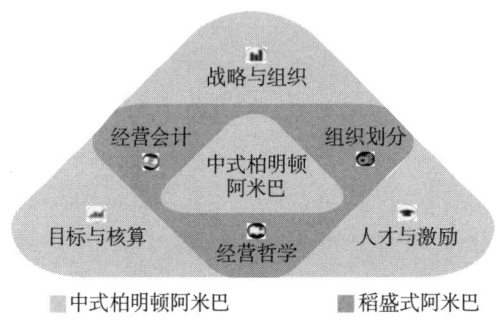

图1-8 中国式阿米巴与稻盛式阿米巴

从模块上来讲，稻盛和夫的日式阿米巴主要包括经营哲学、组织划分和经营会计。中国式阿米巴在这个基础上做了一些延伸。"分"包括战略与组织，"算"包括目标与核算，"奖"包括人才与激励。

"分"又包括若干个模块，来适应不同的企业的需要，比如战略管理、商业模式、集团管控、流程优化等。不同的模块，根据企业不同的情况、不同的需要来做一些整合。这就是中国式阿米巴的组成部分。

关于阿米巴组织划分，笔者列举个例子来说明（见图1-9）。这是一个现有的组织架构——一级阿米巴，柏明顿顾问团队将一个传统的组织架构改造成阿米巴组织架构。在阿米巴组织架构里，有财务中心、人资中心、企管中心，有三个事业部，还有公共的部门。

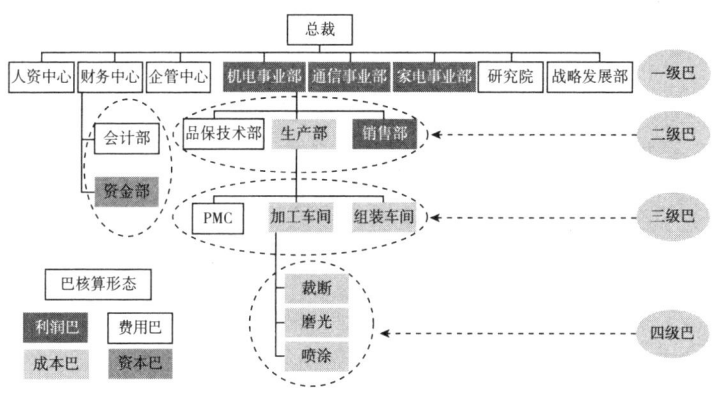

图1-9 阿米巴组织划分

三个事业部都是由生产部、销售部、品保技术部组成，把质量和研发放在一起。生产部下面有两个大的车间，一个是加工车间，另一个是组装车间。加工车间又分为三个工段：裁断、磨光和喷涂。

三个事业部都是一级阿米巴，接下来生产部、销售部、

品保技术部是二级阿米巴，下面两个车间是三级阿米巴，再往下的工段是四级阿米巴。这一级一级的就像俄罗斯套娃一样。企业有三级阿米巴就一定有二级阿米巴，但是有二级阿米巴，不一定有三级阿米巴。这个是按照职能级别来划分的，不是按照行政级别。这个就是分巴。

阿米巴组织划分有四种核算形态，即利润型、资本型、成本型和费用型。比如，资金部通常作为资本巴，资本巴就是投入产出。通俗来讲，就是我给你资金，你去做资金运转，然后给我回报。利润巴，总收入减总开支剩下的就是利润。成本巴就是在一个相对的标准下去降低成本。例如，企业做这个产品的标准成本是20元，你在这个标准下去降成本，这叫成本巴。费用巴主要是费用预算，例如，文职、行政等部门，定岗、定编、定薪、定费，用这么多资金，发这么多工资，做这么多事。

第三节　阿米巴经营模式之会计核算

经营会计主要有七个工作，我们通过一个案例来说明。一家公司的加工车间有三个大的工段：裁断、磨光和喷涂。裁断工段要定价，然后卖给磨光工段；磨光做好之后，再定价卖给喷涂工段。为什么要做定价呢？裁断工段裁错了材料，损耗多了，谁负责呢？以前是老板负责，导入阿米巴经营模式之后，就是裁断工段负责。磨光工段也是一样，由机器磨光，磨坏了，损耗也很多。以前员工拿固定工资，做快做慢都不影响收入；现在做交易定价，只有保质保量才有更多收入。

加工车间有车间主任，还有文员等，这些人员不属于这三个工段。假如裁断工段做好了产品，定价为10元/件卖给磨光工段；磨光工段核算费用之后，定价为12元/件卖给喷涂工段；喷涂工段核算费用之后，定价为15元/件。加工车间在不做利润的情况下，定价为17元/件卖给组装车间。

然后，组装车间也有很多的工作要去做，也有材料和人工费，因此，组装车间加上了20元，还有其他各种费用，成本价为50元。

组装车间上面是生产部，生产部还有各种车间和人员，费用分摊下来，再加上10元，所以，生产部的定价为60元。假如生产部以60元的成本价卖给销售部，那销售部费用分摊下来，还要加上分摊费用、销售费用、税金等。由于生产部是没有利润的，那么公司所有的利润全部放在销售部，因此销售部就成为一个利润巴，不仅要考虑内部采购成本，还要考虑公司的利润、公共费用等，全都算进来，才能定出一个对外的价格。

这就是经营会计的一个路线图。下面我们讲解阿米巴会计核算的七个工作（见图1-10）。

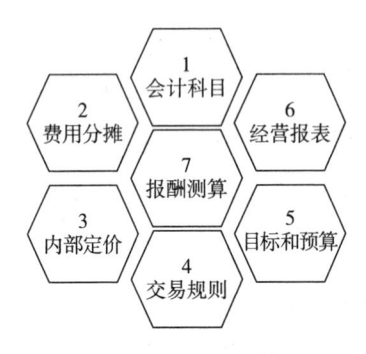

图1-10 经营会计的主要工作

一、会计科目

你有收入项和开支项，要定义好哪些收入算你这个阿米巴的，哪些收入不算你这个阿米巴的。企业要界定清楚，否则阿米巴最后的数据是不准确的。数据不准确，最后跟员工的奖励关联起来，企业就无法说清楚了。

例如，在阿米巴会计核算中，巴长一算，我们这个巴的奖金应该有80万元；老板一算，这个巴的奖金只有20万元；财务部门一算，这个巴还要倒贴30万元。这就出问题了，问题的根源在于我们第一步没做好财务科目的界定，科目不清楚。

举个例子。柏明顿的客户中有一家钢铁企业，销售部门的收入全部是预收款，然后把款交给财务部门。我就问财务："你用这个款做投资，年化收益率是多少？"财务说："有时候高，有时候低。"

我说："你告诉我最近三年平均年化收益率是多少？"财务说："最近三年的行情不太好，平均年化收益率是2%。"我说："怎么才2%？放到银行都不止啊！银行还是无风险投资的。"

然后我就再跟销售部沟通："财务部门做的投资现在只有2%的年化收益率，公司如果要求销售部的目标是2.5%，你们能不能完成？"销售部负责人说，肯定能完成。销售部门在业务开展的过程中就形成一个思维——不断挣钱和创造利润。

该公司的业务模式是，经销商提前一个月把购买钢材的款全转过来。于是，销售人员就跟经销商商量："你们作为经销商跟我们做生意有10年了，体量规模也比较大。这样子好不好？我们现在不收你一个月的全部预收款，只收你50%，但是我们的钢材涨价，在同等价值的基础上涨5

个点。"

这个经销商听后十分开心,他相当于用现在资金的一半就能够周转,剩余的资金可以拿去做其他生意。这个合作模式是双赢的。

所以,导入阿米巴,必须把每一个巴的收入和开支的科目定义清楚。不仅收入如此,开支也是一样。我们举个柏明顿的客户案例。这是一家江苏的企业,有一次,这家公司人力资源部计划到上海参加国际人才交流活动。公司老板说一定要招几个海归,因为他要拓展国外的业务。以前招聘了好几次,但是都没有找到合适的人才。老板就说,这次三方一起去,人力资源部负责做初级的基本素质审核,用人单位做专业的人才评估,应聘者有些什么特殊的待遇要求,由老板当场定夺,这样招聘效率更高,效果更好。

在开支方面,以前的招聘活动,人力资源部门有两三个人出差,一般选择乘坐高铁,住的是普通的连锁酒店,在招聘现场吃的是盒饭。但公司老板去参加人才交流活动,费用支出就不一样了。公司老板一般不坐高铁,他有司机,还要带着秘书。住宿也不住普通的酒店,而是住五星级酒店。吃饭的话,企业老板也不可能吃盒饭,而是选择在高级餐厅。总之,公司招聘活动之后,这个秘书就拿着费用清单到财务部门去报销,科目是招聘费用。但财务部门说:"既然是招聘费用,就要通过人力资源总监审核,你得找人力资源总监签名。"

这个秘书说："公司总经理都签名了还不行吗？"

财务部门说："公司内部有财务权限，如果你填的科目是总经办费用，当然总经理签名就可以了；如果是招聘费用，就得需要人力资源总监签名。"

这个秘书找到人力资源总监，总监一看报销单就傻眼了。老板参加了一次招聘活动，报销费用就有6万多元。如果只是人力资源部门五个人的话，才5000元。那这个费用该不该算招聘费用呢？

那秘书就说："老板去上海，是不是为了帮助你们部门完成招聘任务呢？谁受益谁承担，那不是你的工作受益了吗？所以老板发生的费用不是应该由你们部门承担吗？"

这个人力资源总监哭笑不得，这样下来，才两个月就花光了人力资源部门半年以上的招聘费用。他后来就找到柏明顿咨询顾问，顾问说，总经办有做费用预算，那么总经理的活动费用就应该算到总经办，而不是招聘费用。尽管总经理这次出差是为了参加招聘活动，但这是总经理日常活动的一些费用，单独有一个预算科目，那就不应该算到招聘费用里面去。总经办的费用是一家分摊到了各个巴。

所以，会计科目一定要分清楚，否则这个账就算不清楚了。账算不清楚，给员工的奖金就算不清楚，阿米巴经营模式的激励效果就会受影响。所以，会计科目是很重要的。

二、费用分摊

公司总部有些费用要分摊下去，该怎么分？有人说按照营业额来分，按照利润来分。从多个维度来分，这个是可以的。比如说保安部有保安人员，产生保安的费用等，那么他们的费用分摊怎么做呢？一般来讲就按照成本巴和利润巴的人头数来分摊。那人力资源部如何分摊呢？也跟人数有关系。员工数量多，人力资源部的工作就会多一些。那人力资源部的所有人员的工资、社保、费用，就按照人头数分摊下去。如果是招聘费用，可以不按每个巴的人头数分摊，而是按照招聘需要的人数来分摊。所以，不同的财务科目，要做不同的分摊，不是一刀切。不同的科目，你要找到费用分摊的合理点。这样做，其实也是为了公平。要从不同的维度去分摊，这样才比较科学。

也有人问我，这个费用能不能不分摊？因为各个巴的情况，它似乎也不可控。我认为可以不分摊。例如，生产部把产品做好了，它并不是直接和销售部形成交易。有的企业老板不想让销售部知道生产到底是多少成本。生产部只是按照标准成本的要求，不断地降低成本，产品做好了以后，不会直接以这个成本价给到销售部，而是通过财务部加了一个价格。相当于你的产品做好了，卖给公司，公司加了价，再卖给销售部，销售部再卖给客户。这样的话，销售部交易的对象不是生产部而是公司，而公司给到销售部的也不是真实的成本价，而是另外一个价格。在这种情况下，由于一部分的利润留在公司总部了，那么公司总部的公共费用就不一定要去分摊了。

所以，不分摊可不可以？也可以。但是如果下面的各个职能部门、各个巴都直接形成交易，公司总部的公共费用，就要分摊下去了。不分摊下去，势必会影响经营效果。有一家这样的企业，由于公司总部的费用没有分摊，销售部接到制造部的成本价，如果产品的销售不定价，它就没有市场压力传递。比如说，成本价100元，我们加上30%的毛利空间，就定价为130元，看起来加价比较多，但事实上，减掉各种费用以后，可能至少要定价为135元，才能做到成本与利润的平衡。所以，公司内部没有分摊，就会导致销售部的内部成本压力不能有效地传递出去。

三、内部定价

内部定价，你有交易就一定要定价。定价的方法，笔者在《阿米巴经营会计》中讲得特别详细。

内部定价对于阿米巴经营模式来讲，是一个至关重要的环节。你没有定价就无法形成内部交易。稻盛和夫讲过，买卖即经营。也就是说，你作为一个经营者，是不是具有经营的意识和能力？

培养巴长的经营能力，重点要从培养定价能力开始。定价的方向，主要有以下两种：

一种是从外到内。例如，一款产品面临白热化的竞争，你做别人也做，产品都差不多。那就是从外到内，由客户来决定我们的价格。这种很多是竞标的，特别是工业品、中间品，你没有议价空间。

另一种是从内到外。针对终端品，如果你有自己的渠道、自己的品牌，就可以由你自己定价。所以，也不能说价格是市场定的，优秀产品是可以去引导市场价的，关键还是看品牌。当这个价格有议价空间的时候，我们一般采用从内到外的做法。这些都是定价的方向。

定价方法，主要有成本推算法、利润逆算法、收益切割法、市场参照法等。成本推算法，就是根据材料、人工等费用来定价。利润逆算法，主要是倒推的方法。收益切割法，主要根据历史数据来测算，我们把毛利分成销售部门和生产部门两部分，比如把毛利的70%留给销售部，30%留给生产部。市场参照法，就是直接参照市场上同类产品的价格。

例如，有一家食品企业，是一家上市公司，主要做面包的生产和销售。在跟这家公司老板交流的时候，我就建议他暂时不要用市场倒推法，因为他们的产品竞争力比较强，议价能力比较强，毛利空间也比较大，不需要用市场倒推法，可以根据市场和产品竞争力来定价。

四、交易规则

有定价就一定要有交易规则。例如，销售部将1000支笔的订单给到制造部门，20元一支，前提是只有七天的交货时间。这20元是定价，七天交货的前提就是交易规则。如果你晚一天交货，我就从20元里面扣10%，就是扣了2元，这也是交易规则。如果客户发现产品有质量问题，导致客户被处罚扣款的，那我就在被客户处罚的基础上，再增加50%对你的惩罚。也就是客户对我罚款10元，我要罚你15元。这都属于交易规则。反之也是一样，你给我的订单是1000支笔，所以才有10元一支笔。假如是800支笔呢？10元的价格是无法生产的，材料和人工费肯定是上涨的，一支笔的价格就涨到11元。这都属于交易规则。

所以，不存在只有定价，没有交易规则。反过来也一样，也不存在只有交易规则，没有定价。没有差异怎么交易？

五、目标和预算

你这个巴大概做到什么业绩？如果是成本巴，你的标准成本是多少？你准备把成本降到多少？这是目标。如果是利润巴，今年的利润目标是多少？你把目标定出来。如果是资本巴，投资回报是多少？这个比较容易理解。本节详细的内容可参考《阿米巴经营会计》。

六、经营报表

阿米巴模式中每一个巴都有一份损益表，其模式见表1-1。以前是一个公司有一份损益表，财务部做好账表之后提交给老板看。老板也不常看。当然有需要的时候，他就

会问财务部门，例如，公司的现金流怎么样？公司的市场覆盖怎么样？等等。

表1-1 经营损益表

一级科目	二级科目	三级科目	四级科目	预算金额	实际金额
A 收入 = A1 + A2 - A3	A1 外部收入				
	A2 内部收入				
	A3 内部购买				
B 支出 = B1 + B2	B1 巴内支出	B11 固定成本	B111 厂房/设备/通风/照明……		
			B112 间接人员报酬/办公费用……		
		B12 变动成本	B121 原材料/动力/包装/运输……		
			B122 直接人员报酬/销售佣金……		
	B2 巴外分摊	B21 上级费用			
		B22 上级工资			
C 附加值 = A - B = 损益					
D 经营目标					
E 达成比 = C/D					
F 总工时					

每一个巴都要做自己的损益表，阿米巴损益表很简单，即使财务人员也能看得明白。何谓损益？就是收入部分减去开支部分。收入部分又包括外部收入、内部收入和内部购买。我们举个养鸡企业的案例。采购部把鸡蛋卖给公司内部，就称为"内部收入"。采购部把鸡蛋卖给公司外面，就称为"外部收入"；内部购买就是比如成鸡卖了100元，可是内部买进小鸡的时候就花了60元，那么商品的附加值就是40元。如果不减掉内部采购的60元，那么我的销售额就是100元。很多阿米巴做报表的时候，阿米巴单元划分得越多，重复计算就越多。所以，内部收入、外部收入，如果不减去内部采购的话，各个巴的收入加起来就很多，但实际收入没有那么多。如果扣减了内部采购，那就没有那么大的附加值了。

支出分为两个部分：巴外分摊和巴内支出。

巴外分摊：不是你这个阿米巴单元的经营活动直接关联的、直接发生的，甚至巴外的，比如财务、审计等产生的费用，叫巴外分摊。

巴内支出：可以细分为固定成本和变动成本。固定成本包括厂房、设备、通风、照明灯；间接人员报酬、办公费用等。变动成本就跟你的产品和服务有关系，包括原材料、包装；直接人员报酬、销售佣金等。

对于经营目标的达成，不是以这个损益来算的，而是看你有没有达到预定目标。例如，A巴上年利润100万元，今年利润120万元，那该不该给这个巴发奖金？但是这个巴的利润目标是150万元。那么利润为什么低于目标呢？原因主要是加大了市场费用的投放、加大了产品的开发。

所以，整个阿米巴经营的考核指标是指实际与目标的对照，而不是以损益来计算的。

阿米巴报表一目了然，每个人都能够理解。因为有这个报表，就能够倒逼经营人员、管理人员去改善经营，改善管理。例如，柏明顿咨询公司有一家企业客户，在导入阿米巴经营之后，这个报表就有手机版和电脑版。手机版的表格数据是通过财务预先植入的，上面的金额能够提醒员工怎么去做改善经营。阿米巴报表就像开车的仪表盘，是快了还是慢了，你得自我调节。阿米巴报表也像我们的一个指挥棒，你关注什么，什么就成长得比较好。如果你不理利润，不理进度，那么利润就变少了。

阿米巴报表真正的价值，就是要让巴长、巴成员根据这个报表去努力工作。如果工作业绩不理想，那也没关系，我们进行经营分析，多问"为什么"，就像苏格拉底一样，问来问去，道理就在你心中了。你已经知道怎么做了，只是以前蒙蔽了，没有注意，无法让你的能力发挥出来。

七、报酬测算

阿米巴经营会计的主要工作是为公司创造价值，创造收益。然后员工就会问，如果我为公司创造更多价值，该怎么奖励？所以，公司要做一个数据测算。数据测算需要财务部去做。

第四节 阿米巴经营模式之激励机制

阿米巴分、算、奖,奖是激励机制。传统的激励机制是公司规模大小、盈利多少与我的收入无关。阿米巴激励机制是本巴的规模大小、盈利多少与我的收入是息息相关的。我的报酬是分到巴里面的,与个人的提成关系不是很明显,只有阿米巴单元做大了,才能获得超额奖励。例如,公司是一个一级阿米巴,销售部门是二级阿米巴,那公司做大做强了,就会把一部分利润拿出来奖励给你这个阿米巴单元。当公司从 1 亿元的业绩做到 5 亿元业绩的时候,那利润是上涨了,超越目标了,那么,你的收入变成:第一,固定的工资;第二,销售提成;第三,超额利润奖。所以,公司的利润跟你个人的收入就有很大的关系。阿米巴成员可以享受到公司业绩达到 5 亿元带来的收益,那么,员工就愿意培养自己。这是阿米巴激励机制与传统激励模式的最大区别。

阿米巴激励机制的要素及概述见表 1-2。

表 1-2 阿米巴激励机制的要素及概述

要素		简要描述
工资	总量	额定占比,节余计入本巴利润,巴员可分享
	增量	只有增加交易额才可能加工资,占比没增

续表

要素		简要描述
工资	关联	总量、个量均与本巴收益关联,控制权下移
奖金	关联	增加或超额奖以巴为单位,亦可四边关联
股权	概述	来自本巴,三级动态,可折算回归总部
总体收益来源		扩大交易额,包括裂变、收购;降低成本

你不要以为只是多加工资就是激励,激励具有很多因素,工资要加,奖金要加,从哪里来?这个才对员工具有激励作用。

传统的模式就是老板发工资,导致大家对工资不满,跳槽频繁。现在的模式,交易产生收入,收入减去成本才得到报酬。

阿米巴报酬的理想模式,就是把人工打包进去,买方购买的时候,就是一个交易价格。卖方就会分哪些是成本,哪些是费用,哪些是利润。把材料费用和人工费用分开来,单独把人工列出来,如图 1–11 所示。

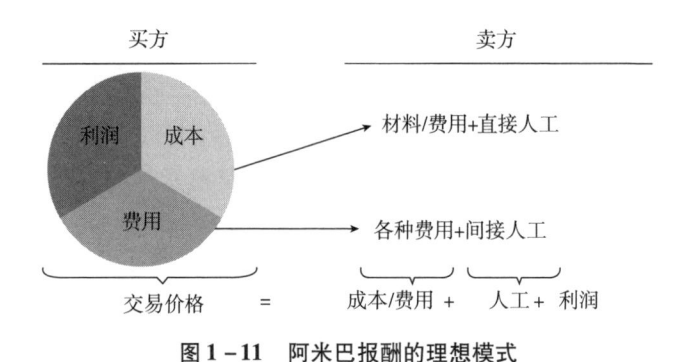

图 1–11 阿米巴报酬的理想模式

在阿米巴报酬的理想模式,老板是不需要发工资的,每一个人的工资都是自己发的。

第五节 阿米巴的收益及产生高收益的条件

阿米巴经营模式到底如何给企业带来收益呢？我们通过前面这家饲养成鸡的公司案例，总结出它主要是通过"分、算、奖"来实现高收益的。

一、阿米巴有哪些收益

实施阿米巴，有哪些收益呢？我们主要从四个方面来讲（见图1-12）。

```
从长期利益上讲：
从机制上确保公司走向稳健发展
    ◆经营环境，影响内部
从短期利益上讲：    ◆有起有落，坦然面对
费用降低、收入增加  ◆机制保障，战胜对手
    ◆以终为始，关注结果  ◆人才培养，基业长青
从形式上讲：        ◆围绕经营，优化管理
各巴经营报表的出台  ◆聚众智慧，开源节流
    ◆划小单元，独立核算  ◆养成习惯，思考对策
    ◆定价交易，落到全额
    ◆贡献大小，一目了然  从根本上讲：
    ◆拒绝南郭，全员经营  员工经营意识提升
                    ◆投入产出意识
                    ◆经营风险意识
```

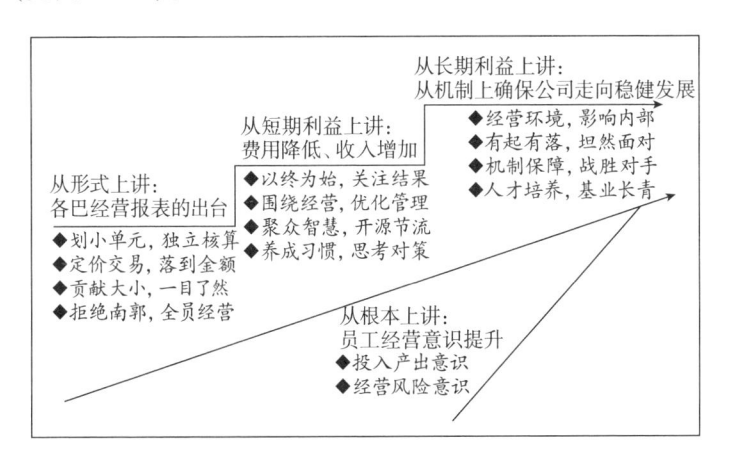

图1-12 阿米巴的收益

第一，从形式上讲，各巴经营报表的出台，产生了一定

的收益。企业把组织体系进一步细分核算单元，然后责权利到位，这本身就是对组织体系建设的一个贡献。

另外，如果阿米巴的报表出来了，那么，以报表为出发点做一些经营分析，让更多的员工从数据上懂得了哪里做得好，哪里做得不好。这本身也是一种收益。

第二，从短期利益上讲，实施阿米巴，能够使费用降低、收入增加。分、算、奖的方案做好了，员工的积极性提高了，那么，公司业绩提升才变得有可能。再加上从公司层面改善经营（比如引进更好的设备技术、引进更好的产品等），更大的市场就来了，也提升了公司的收入。

第三，从长期利益上讲，从机制上确保公司走向稳健发展。分、算、奖模式优化组织架构，提升管理水平。企业通过组织权限、流程优化，就算在短期内没有体现出业绩，也要更关注长远的收益改善预期，那也是一种收益。

第四，从根本上讲，员工经营意识提升。经营意识就是指算账的意识和买卖的意识。经营能力分为两个部分，一个是算账的能力，另一个是买卖的能力。

所以，意识要与物质关联起来，这个意识才会变得有存在的可能。否则，怎么证明这些经营意识提高了呢？因此，经营者更加关注内部算账，关注成本，关注利润。如果允许对外经营的话，你的买卖是不是越来越多了？这个是很重要的。

二、产生高收益的必要条件

为什么中国式阿米巴能产生高收益？有哪些必要条件呢？首先是符合规律，然后有科学的方法。就是整个道、法、术、器，必须是一个完整的系统，才能够真正地产生高收益，如图 1–13 所示。

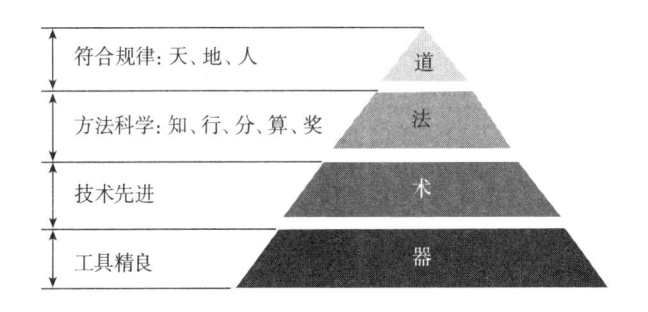

图 1–13 阿米巴产生高收益的必要条件

道，就是阿米巴符合天道、地道、人道。方法科学，软性的经营哲学包括知、行，员工应该知道什么，应该做什么；实学包括分、算、奖。其他还有技术先进、工具精良等。在这里，我们重点讲"道"，如图 1–14 所示。

道 1：遵循天道：自然规律。

我们知道，一棵大树如果枝繁叶茂，它一定是树干分支，枝再分支，分支里面再分支，最后长出树叶。很少有树干没有什么枝叶，长得又高又茂盛的。再说仅仅是树干很粗，也不代表这个树成长良好，还得要考虑树冠的问题。

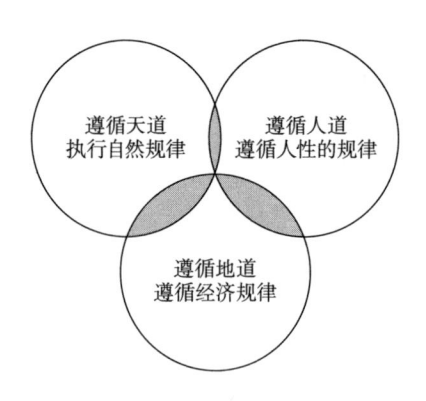

图1-14 阿米巴符合规律：天道、地道和人道

阿米巴就像这棵大树一样，不断地开枝散叶，变得枝繁叶茂。一个企业也是一样，公司总的哲学方向就好像树干，深层次的理念属于树根，业务属于树冠，业务繁多又彼此关联，那么，这棵树才成长得好。

阿米巴与传统的组织架构就不一样了，传统的组织架构靠一个老板管理所有部门，但阿米巴是更多的人都在当老板，当经营者。所以一个企业想要有发展，想要有竞争力，还是要不断地去分枝分丫。

道2：遵循地道：经济规律（见图1-15）。

所谓地道，就是经济规律。我们都知道，企业最终是需要将自己的产品或服务卖向市场，才能得以生存和发展。也就是企业在面对外部的时候，它是市场化的。如果我们面对外部是市场化，而内部全部是行政化，那么就会失去生命力。

因此，在经济规律上，我们要将外部的市场化适当地导

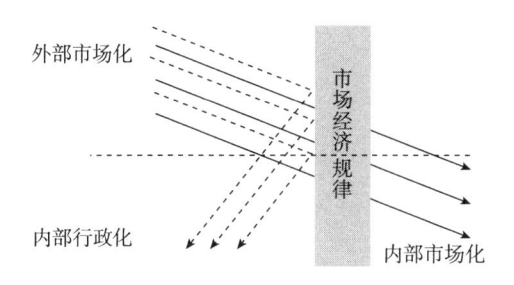

图1-15 遵循地道——经济规律

入内部。回到刚才那个饲养公司的案例,如果你的小鸡孵得不好,或者是不够健康,那么我就会去外面买。这就倒逼每一个部门都要提升竞争力。

阿米巴就是这样,销售部门从外面拿订单回来,内部的生产、采购、研发、质量等部门,也尽可能地形成内部市场化。不能内部市场化的部门,才能行政化。

道3:遵循人道:人性规律(见图1-16)。

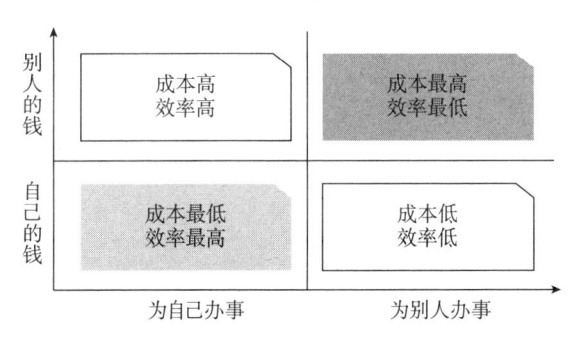

图1-16 阿米巴遵循人道

遵循人道,也就是人性的规律。那人性规律是怎么样呢?一个人只有用自己的钱去办自己的事,才会成本最低、效率最高。相反地，用别人的钱为别人去办事，那么往往是成本最高、效率最低。导入阿米巴经营模式以后，让更多的员工都是在为自己办事，而你每花的一分钱都会影响这个"巴"的收益，从而也会影响每一个员工的收入。

所以，导入阿米巴经营模式，是遵循天道、遵循地道、遵循人道的，这也是中国式阿米巴取得高收益的原因。

本章总结

⊙"阿米巴经营模式"这个概念，它的核心内容就是"划小核算单元、单元独立核算；实施内部定价、进行内部交易"。

⊙阿米巴经营模式是一种比较好的经营模式，这个是不容怀疑的，关键在于不同的企业根据不同的特点来针对性地制订方案，这样才能使阿米巴经营在更多的企业落地生根。

⊙中国式阿米巴的组成部分包括：分、算、奖。分，就是把公司分成若干个独立核算的经营单元；算，就是单元之间通过内部定价进行内部交易；奖，就是员工的工资、奖金甚至股权完全来自本单元。

⊙因为社会环境的不同、发展阶段的不同、管理基础的不同，导致中国企业和日本企业在实施阿米巴的侧重点不太一样。

⊙导入阿米巴经营模式，是遵循天道、遵循地道、遵循人道的，这也是中国式阿米巴取得高收益的原因。

第二章

为何需要实施合伙制

合伙人分为有限合伙人和普通合伙人两种。

作为企业内部管理的一种合伙机制,就不必像合伙企业那么麻烦了,大家通过一个制度来约定游戏规则就可以了,想怎么做就怎么做,只要大家签名、画押、盖章、按手印表示认可就行了。

正是因为这种合伙机制操作简单又行之有效,对合伙人起到激励作用,所以在企业管理中应用广泛。

如果把合伙机制延伸到组合外部资源,比如供应商、经销商、消费者等,一般就需要去注册。股份公司、有限公司、合伙企业,从某种意义上说也是一种合伙机制。

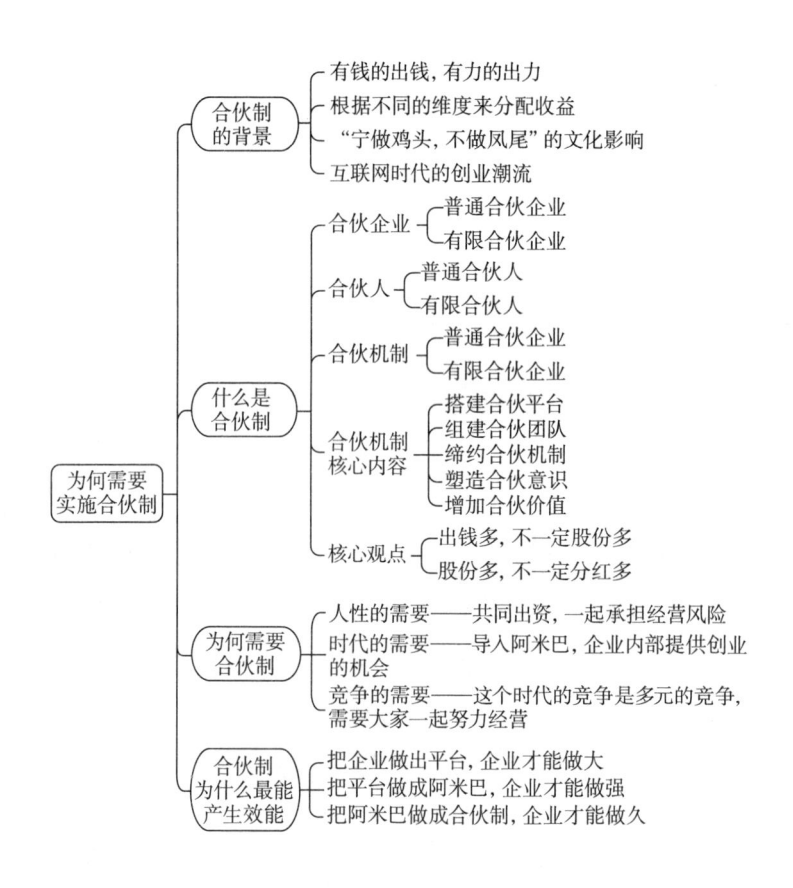

阿米巴+合伙制

- 为何需要实施合伙制
  - 合伙制的背景
    - 有钱的出钱，有力的出力
    - 根据不同的维度来分配收益
    - "宁做鸡头，不做凤尾"的文化影响
    - 互联网时代的创业潮流
  - 什么是合伙制
    - 合伙企业
      - 普通合伙企业
      - 有限合伙企业
    - 合伙人
      - 普通合伙人
      - 有限合伙人
    - 合伙机制
      - 普通合伙企业
      - 有限合伙企业
    - 合伙机制核心内容
      - 搭建合伙平台
      - 组建合伙团队
      - 缔约合伙机制
      - 塑造合伙意识
      - 增加合伙价值
    - 核心观点
      - 出钱多，不一定股份多
      - 股份多，不一定分红多
  - 为何需要合伙制
    - 人性的需要——共同出资，一起承担经营风险
    - 时代的需要——导入阿米巴，企业内部提供创业的机会
    - 竞争的需要——这个时代的竞争是多元的竞争，需要大家一起努力经营
  - 合伙制为什么最能产生效能
    - 把企业做出平台，企业才能做大
    - 把平台做成阿米巴，企业才能做强
    - 把阿米巴做成合伙制，企业才能做久

第一节 合伙制的背景

合伙制不是一个新名词,在中国古代就有类似的做法,典型的就有大家比较熟悉的花木兰从军。

花木兰是中国南北朝时期一个传说色彩极浓的巾帼英雄,她在从军前要买马、买鞍、买弓箭、买铠甲等。

在北魏的时候,士兵去打仗,基本的装备都由自己准备。打胜仗之后,再把获得的战利品按个人的战功和个人出资的部分分配。有的人有钱,出征前就可以买三匹或五匹马;那没钱的人呢,他可能就什么都不买。

军队有了战利品以后,比如说把60%根据个人的战功来分配,把40%按个人出资额来分配。有的人可能出资比较多,但是战功未必很卓著,分配就少;有的人打仗很厉害,他个人的战功卓越,战利品分配的就比较多。

其实这也是一种合伙制的方式。有钱的出钱,有力的出力;钱多的多出,钱少的少出。分配的时候,根据不同的维度来分:出力,分多少;出资,分多少。合伙制的出资和分配如图2-1所示。

现实当中这种事例也是非常多的,笔者就碰到过这么一个案例。

```
┌─────────────────┐                    ┌─────────────────┐
│      出资       │     ⟷              │      分配       │
├─────────────────┤                    ├─────────────────┤
│ 有钱的出钱,有力的出力;│                │ 根据不同的维度来分:出│
│ 钱多的多出,钱少的少出│                │ 力,分多少;出资,分多少│
└─────────────────┘                    └─────────────────┘
```

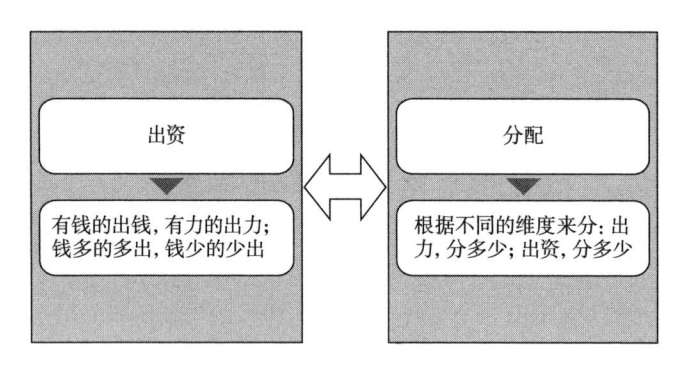

图 2-1　合伙制的出资和分配

案 例

浙江省有一家企业的老板,他把同行的一个营销副总经理挖过来,委任为公司营销负责人。这个营销负责人首先进行一番调研,然后找公司老板汇报说:"你看同行有40多亿元的销售额,咱们只有8亿元的销售额,显然我们还有很大的提升空间。但是如果想要销售收入快速增长,必须加大各方面的投入。比如,业务人员要增加、广告费用要增加、客户的返利要增加,等等。"

这个老板一听,心里就想:"哇,要投入这么多?但是,我的投入是不是有收益呢?"因为市场性的投入是不是有收益,只能是预估,老板就比较犹豫,一直拖着。

半年以后,这个营销负责人就辞职了,因为他跟公司老板在经营管理的理念上不合拍。

两位高管为什么合不来呢？原因之一是这样的。老板心里想："哇，我高薪请你过来，半年下来好像你也没有什么动作。从事实的数据来看，销售业绩也没见到增长。"而这个营销负责人心里想："我又不是神仙，你靠我一个人，怎么可能会带来多大的业绩呢？还是要增加一些资源的嘛！"所以，两个人就不欢而散了。

我们反过来想，如果引进高管的时候，他就是一个合伙人，他也出了钱。那么老板就敢大胆地答应这位营销负责人提出来的资源投入要求，因为这里面有你的出资，要亏你也亏，要赢你也赢。虽然也许个人出资占比不大，占公司的整个投入不大，但是不一定出的钱少就不心疼，而要看他出资的部分占个人拥有的部分的比例。

后来，柏明顿咨询顾问就给这位老板提出建议，如果计划引进高管，最好采用合伙制的方式。这样高管也全心全意地来这里工作；你对管理者的授权也可以更加到位。否则的话，你既想马儿跑，又想马儿不吃草。你挖来一个高管，他又不是神仙，也没有点石成金的能力。这是一个很现实的问题。

为什么要实施合伙制，总结起来有两方面的原因，如图2-2所示。

第一，中国文化的影响。中国的文化里有这么一句话，"宁做鸡头，不做凤尾"。因为"鸡头"所获得的收益比"凤尾"要多得多。在中国古代，封建制度等级森严，比如从周天子到诸侯、到大夫,每一阶层的利益是相差很大的。

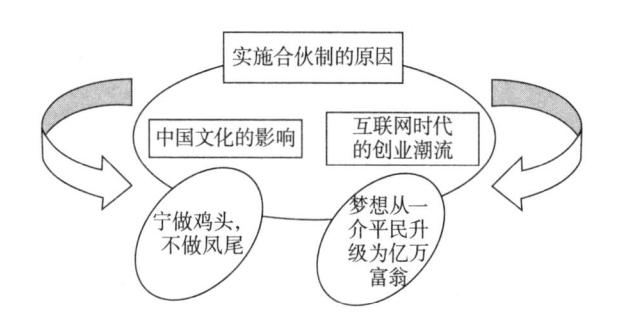

图2-2 实施合伙制的原因

中国的这种文化其实也影响了很多职业经理人。他们一有机会就宁可自己创业,也不愿在别人的公司里打工。如果企业不实施合伙制的话,人才流失的状况会非常严重。

第二,互联网时代的创业潮流。在互联网时代,创业形成了一股热潮。很多抓住这股潮流的成功创业者,在公司上市之后,可以一夜之间升级为亿万富翁。所以很多高管宁可辞职开一家网店,也不愿意在企业里面打工,当职业经理人。年青一代就更不用说了,自己开一家小网店,一个月的收入不管多少,至少时间是很自由的。所以,在互联网时代,如果你不跟他合伙,人才就很容易流失。

总而言之,笔者认为"经理人不再,合伙人到来"。在中国,职业经理人的市场并不算发达。在很多国企,职业经理人还有一定的发展空间;但在民企,真正的优秀职业经理人是比较少的。因为职业经理人看到老板当初也是300万元就创业了，现在公司规模达到 8 亿元，甚至更多，他觉得自己也能行。

这是合伙制的一个背景。

第二节　什么是合伙制

关于合伙制，笔者根据做管理咨询项目的经验，总结出两句话：出钱多，不一定股份多；股份多，不一定分红多。合伙制的相关概念如图2–3所示。

```
合伙制 ┬─ 合伙企业 ┬─ 一类是普通合伙企业,由2人以上的合伙人组成
       │           └─ 另一类是有限合伙企业,由2人以上、50人以下组成的合伙企业
       └─ 合伙人   ┬─ 普通合伙人,需要对企业承担无限连带责任
                   └─ 有限合伙人,只承担出资部分的等比例责任,承担的责任是有限度的
```

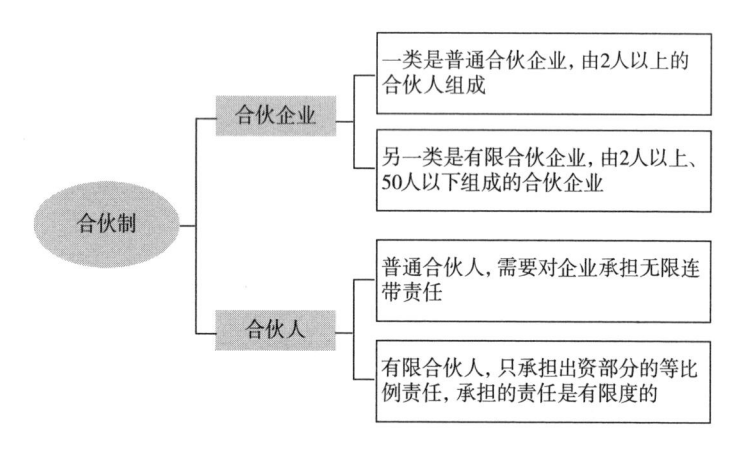

图2–3　合伙制的概念

什么是合伙企业？从法律上来讲，合伙企业即由合伙人共同订立协议，共同出资、共同经营、共同分享，也共同承担风险的企业，而且这个合伙企业的债务是由合伙人承担无限连带责任的。

合伙企业分为两大类，一类是普通合伙企业，另一类是

有限合伙企业。

普通合伙企业就是由两个以上的合伙人组成，合伙人对这个企业的债务承担无限责任。

普通合伙企业里有一种特殊的类型。就是在所有合伙人里，由一个或几个合伙人来承担无限连带责任，其他的合伙人只要根据出资的比例，为企业承担相应的责任就可以。

有限合伙企业是由两人以上、50人以下组成的合伙企业。

合伙人分为两类，一类是普通合伙人，另一类是有限合伙人。

普通合伙人需要对企业承担无限连带责任。例如，小强出资20万元与小平注册合伙企业，总共投资了30万元，结果亏了15万元。供应商货款没付，员工工资没发。小强自己的车子值8万元，房子值100万元，全部卖了，发了工资、还了货款，剩下的才是自己的。普通合伙人权力大，责任也大。

有限合伙人只承担他出资的部分债务。我们接着看上面的例子，小平出资10万元与小强注册合伙企业做生意，结果还亏了15万元。小平不用赔，但这10万元也收不回来了。小平就是有限合伙人，承担失败的责任是有限度的。

在税务方面，合伙企业是有些优惠的。因为合伙企业没有企业所得税，只有个人所得税，它比较适用5%~35%的个人所得税的区间。也就是说，当企业规模不大的时候，采用合伙企业形式，个人的收入会更高一些。

合伙制包含五大核心内容（见图2-4）：①搭建合伙平

台；②组建合伙团队；③缔约合伙机制；④塑造合伙意识；⑤增加合伙价值。

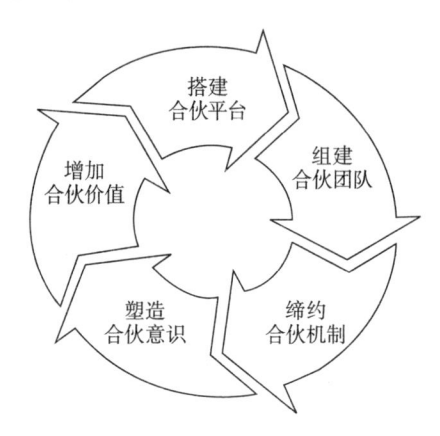

图 2-4 合伙制五大核心内容

合伙制，更多体现为合伙人的责任和权利。合伙制并不一定要形成一个严密的组织，比如说不一定要注册成立合伙企业，几个人做事内部形成规则就可以了。像项目合伙制、阿米巴合伙制、事业合伙制，不一定要注册，我们内部签一个合伙协议或制定制度就可以了。

如果把合伙制延伸到组合外部资源，比如供应商、经销商、消费者等，一般就需要去注册公司。股份公司、有限公司、合伙企业，从某种意义上说也是一种合伙制。

胡八一观点：*出钱多，不一定股份多；股份多，不一定分红多。*

第三节 为何需要合伙制

为何需要合伙制，主要有三个原因：人性的需要、时代的需要和竞争的需要，如图2-5所示。

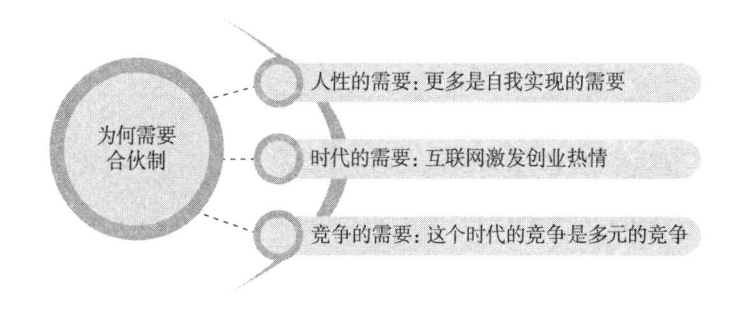

图2-5 为何需要合伙制

为何需要合伙制：
- 人性的需要：更多是自我实现的需要
- 时代的需要：互联网激发创业热情
- 竞争的需要：这个时代的竞争是多元的竞争

第一，人性的需要。其实当今的社会，很多人的基本生存和基本安全的需要已经满足了，就可能直接跳到自我实现的需要。我的地盘我做主，不喜欢被条条框框约束。

人最喜欢按照自己的意志行事，可是你要自由行事，如果不能给公司带来价值，甚至是带来负面作用，谁来负责？你不能要自由却不负责任。所以你也出钱，一起承担经营风险，这就符合共同的利益了。

针对现代人自我实现的需要，大家都出点钱，同时又出力来干活。企业老板作为大股东，就可以充分地放权给合伙人了，这样对双方都好。

第二，时代的需要。互联网时代带来一个很典型的特点，就是凡事都碎片化了。其实在企业经营里面，也有这个需要，这是整个时代的需要。

例如，做服装生产的企业，以前可能从布匹的采购、裁断、针车、整烫等都是由一个企业来完成的。现在可能不一样了，也许裁剪是这个企业来完成，而针车、缝纫、缝接就可能外发到若干个家庭作坊里面，甚至更小的私人企业里面，这就导致业务碎片化了。

在企业内部也是这样。我们可以把一个大的公司划分为若干个独立核算的小单位，然后内部实行定价交易，也让更多的员工去创业。反正现在创业的机会很多，如果公司内部不能提供创业的机会，员工就去外面创业。而员工在公司内部创业，就要拿出本钱、拿出时间、拿出你的本事。

第三，竞争的需要。在刚刚改革开放的时候，往往老板一个人的业务就能够养活一个公司。因为他只要通过某一关系，把订单拿到了，那就足够公司生产了。

但现在就不一样了，现在的竞争是多元的。你不能靠老板去拉动整个公司了，需要大家一起努力来经营。不再像以前那样，老板在经营，其他的人都是在管理、在打工。

阿米巴经营模式是把盈利的责任分到多个阿米巴里边去，分到多个人的身上。就好像以前的绿皮火车，它完全靠火车头在拉动若干节车厢，所以速度就比较慢，因为动力有限。而现在的动车、高铁，它行驶的动力是分散在每一节车厢上的，所以高铁的速度比较快。

假如我们把企业经营的动力看作利润和分配机制，那么把创造利润、创造价值和分配利润、分配价值的责任也不断地细分到若干个人身上、若干个阿米巴里，企业就能跑得更快、更富有竞争力。

第四节 合伙制为什么最能产生效能

合伙制是在经营管理中最能产生效能的。我们打个比方，土地加上钢筋加上水泥，等于高楼大厦，等于百年基业。其实企业也一样，笔者认为平台化＋阿米巴＋合伙制等于百年企业，如图2-6所示。

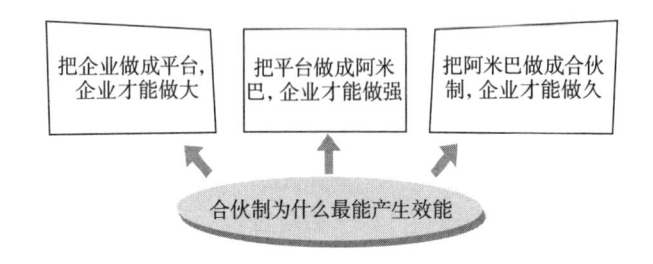

图2-6 合伙制为什么最能产生效能

根据笔者多年的咨询经验，总结出以下三句话：

第一句，"把企业做成平台，企业才能做大"。所谓的平台就是为我所用，不一定为我所有。

第二句，"把平台做成阿米巴，企业才能做强"。就像前文的饲养成鸡的案例，如果把平台里面的每一个经营单元都做成阿米巴，阿米巴能够对外竞争，那么企业就能做强。

以前只要一个环节出了问题，可能整个价值链都会瘫痪。

比如成鸡没养好，这个环节出了问题，那么小鸡交付到哪里去？小鸡无法出笼，也会导致孵小鸡的部门停业，因为小鸡没地方存放。后面的工序也会产生连锁反应，由于成鸡没有养出来，屠宰部门就没事干了。接下来销售部门也没有产品可以卖了。因为成鸡没有养好，整个价值链都受到影响。

但现在不一样了。我们把企业内部做成阿米巴经营模式，孵小鸡的部门只是我们养成鸡的若干个供应商之一，如果孵小鸡的部门出了问题，那么饲养成鸡的部门可以对外增加采购量。

反过来也是一样。如果养成鸡的部门出了问题，那么孵小鸡的部门也可以加大对外的销售量，因为内部养成鸡的部门只是孵小鸡的部门的若干客户之一。所以，把平台做成阿米巴，公司就会做强。不至于出现一点问题，就导致全线瘫痪。

第三句，"把阿米巴做成合伙制，企业才能做久"。我们应该知道，只要企业有人才，这个企业就会往前走。这个企业的"企"字，是一个"人"字下面一个"止"字，如果你把上面的"人"字拿掉，那么这个企业就停止运营了。合伙制，重点是把人才留住，然后不断地更新，企业才能做久。

胡博士点拨

我们记住这三句话：把企业做成平台，企业才能做大；把平台做成阿米巴，企业才能做强；把阿米巴做成合伙制，企业才能做久。

本章总结

⊙合伙人分为有限合伙人和普通合伙人两种。

⊙关于合伙制，归纳总结两句话：出钱多，不一定股份多；股份多，不一定分红多。

⊙合伙企业这样定义，由合伙人共同去订立协议，共同出资、共同经营、共同分享，也共同承担风险，而且这个合伙企业的债务是承担无限连带责任的。

⊙合伙企业分为两大类，一类是普通合伙企业，另一类是有限合伙企业。

⊙合伙人分为两类，一类是普通合伙人，另一类是有限合伙人。

⊙为何需要合伙制，主要有三个方面：人性的需要、时代的需要和竞争的需要。

⊙把企业做成平台，企业才能做大；把平台做成阿米巴，企业才能做强；把阿米巴做成合伙制，企业才能做久。

第三章

如何实施合伙制之三点思考

　　实施合伙制，有三点需要考虑：其一，把企业内部某个业务部门拿出来做成合伙制，由这个业务部门与企业内部多个部门相互交易，这是最常见也最容易实施的做法。其二，适用合伙制的场景当然有很多，但其中五种情形是最适合的。其三，与什么人合伙，我们需要建立一个比较理想的人才模型。

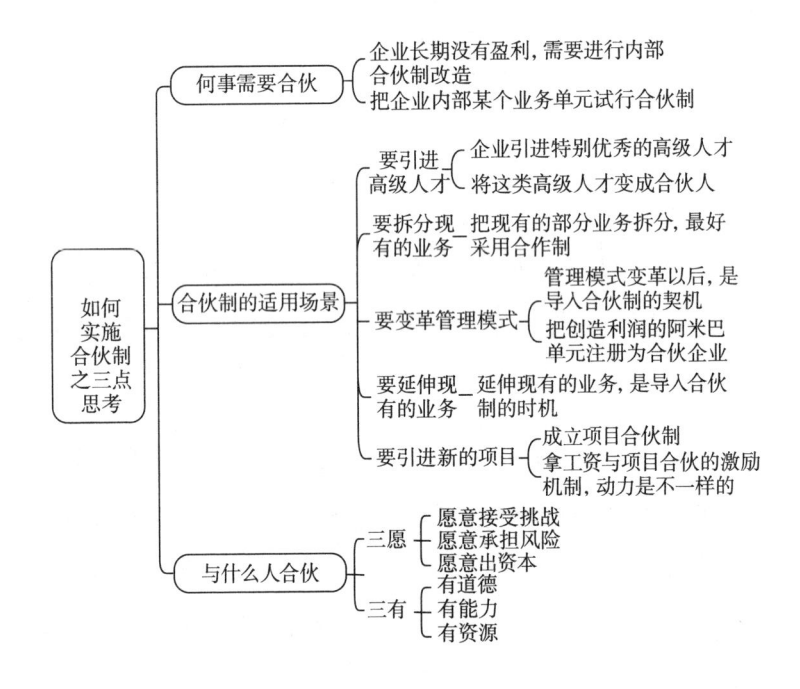

阿米巴+合伙制

```
                    ┌─何事需要合伙─┬─企业长期没有盈利,需要进行内部合伙制改造
                    │              └─把企业内部某个业务单元试行合伙制
                    │
                    │              ┌─要引进────┬─企业引进特别优秀的高级人才
                    │              │  高级人才  └─将这类高级人才变成合伙人
                    │              │
                    │              ├─要拆分现──把现有的部分业务拆分,最好
如何               │              │  有的业务   采用合作制
实施               │              │
合伙制─┼─合伙制的适用场景─┤              ┌─管理模式变革以后,是
之三点             │              ├─要变革管理模式─┤  导入合伙制的契机
思考               │              │              └─把创造利润的阿米巴
                    │              │                 单元注册为合伙企业
                    │              │
                    │              ├─要延伸现──延伸现有的业务,是导入合伙
                    │              │  有的业务   制的时机
                    │              │
                    │              └─要引进新的项目─┬─成立项目合伙制
                    │                              └─拿工资与项目合伙的激励
                    │                                 机制,动力是不一样的
                    │
                    └─与什么人合伙─┬─三愿─┬─愿意接受挑战
                                    │      ├─愿意承担风险
                                    │      └─愿意出资本
                                    │
                                    └─三有─┬─有道德
                                            ├─有能力
                                            └─有资源
```

第一节 何事需要合伙

在谈何事需要合伙之前,我们先讲一个案例。

很多老板喜欢把企业的关联业务无限制延伸。柏明顿咨询公司就有一个这样的客户。这家公司的主营业务是生产电子产品,并生产了各种各样的充电器。当时公司净利润高,经营效益很好。

后来,这家公司的老板说,五金件的铜线也要生产。成立这个工厂不难,招聘一个经理来管理即可。一些电子件需要塑胶,于是又增加了一个塑胶车间。企业总人数一度膨胀到8000多人。

公司没有采用合伙制,也没有采用阿米巴经营模式,要养一个庞大的团队,导致连续3年亏损,老板着急死了。

为什么公司长期没有盈利?到底是亏在电子件还是亏在塑胶件、五金件?一算就知道了。

你以为在外面采购塑胶、五金,供应商肯定是有利润的,那么自己做,利润岂不是就归自己了?其实不然。公司生产这些塑胶、五金配件,需要投入厂房、设备等固定资产,需要库存原材料、在制品、成品,也会出现产品不合格甚至报废,人工费用就不用说了。而你去外购产品,这些风险都是由供应商来承担的。所以最后计算下来,如果你自己生产的产品质量不好,成本往往会比外购还贵。

综合权衡利弊之后,这家公司导入柏明顿的"阿米巴+合伙制",其实施方法如图3-1所示。

```
┌─────────────────┐    ┌──────────────────────────────────┐
│ 明确各个业务部门是 │ ➡  │ 盘点各个部门现有的固定资产、流动资金 │
│ 独立核算的利润中心 │    │                                  │
└─────────────────┘    └──────────────────────────────────┘

┌─────────────────┐    ┌──────────────────────────────────┐
│ 建立定价规则、    │ ➡  │ 通过阿米巴定价方法"成本推算法+市场参照 │
│ 计算公式         │    │ 法",按照一定的维度来进行分类         │
└─────────────────┘    └──────────────────────────────────┘

┌─────────────────┐    ┌──────────────────────────────────┐
│ 进行合伙制改造    │ ➡  │ 将车间管理层发展为合伙人;           │
│                 │    │ 公司内部合伙制改造时,资产按1:1的原价卖给 │
│                 │    │ 内部人员                          │
└─────────────────┘    └──────────────────────────────────┘
```

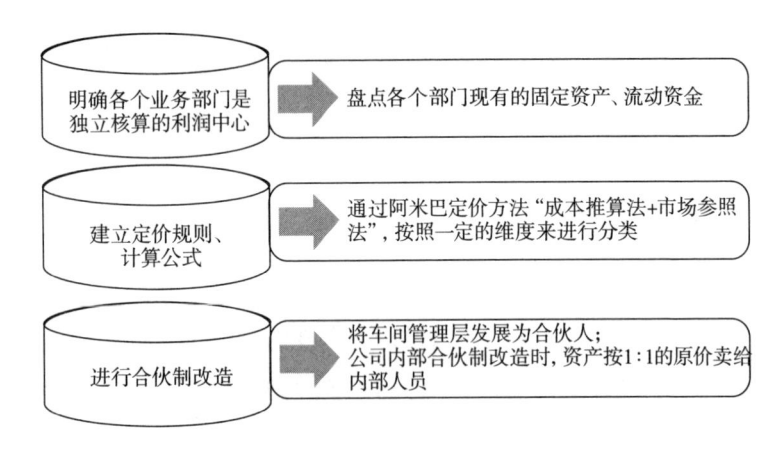

图3-1 "阿米巴+合伙制"的实施方法

第一,明确各个业务部门是独立核算的利润中心(这里重点列举塑胶、五金件两个部门)。盘点各个部门现有的固定资产、流动资金,也就是相当于明确了这些部门现在有多少家底。

第二,建立定价规则、计算公式。通过阿米巴定价方法"成本推算法+市场参照法",对塑胶、五金产品按照一定的维度来进行分类,并对每一类产品建立定价规则、计算公式,以后就按这个规则、公式把产品卖给内部各个有需要的部门。同时鼓励对外销售,对外销售的定价,公司只给了一些原则、计算的方法,具体定价的权力则由塑胶、五金等部门进行合伙制改造后的负责人来行使。

第三,进行合伙制改造。如果车间管理层有信心做合伙人,那就一起合伙做;如果管理层不乐意合伙,公司就把这些生产线完全承包给外部或者引进外部合伙人、股东。公司内部合伙制改造时,资产按1∶1的原价卖给内部人员;对外合伙制改造时,就执行谈判的结果。

所以,把企业内部某个业务部门拿出来做成合伙制,由这个业务部门与企业内部多个部门相互交易,这是最常见也最容易实施的做法。

但我们要注意的是,如果内部交易的定价不明确,那么这个合伙制的业务部门就很难清楚地独立核算,它的收益就是一笔糊涂账。以前公司是老板一个人的,收益是从左边口袋到右边口袋。现在是合伙制了,公司有几个股东,如果收益等账目算不清楚,或者算得不合理,还能合作下去吗?

第二节　合伙制的适用场景

合伙制作为一种管理机制，适用的范围非常广。在实际应用中，我们不一定从一开始就要去注册合伙企业，而是通过大家商定形成协议的方式来操作，等有必要或条件成熟后再去注册也是可以的。

合伙制到底有哪些适用场景呢？不同的场景中，企业所选择的合伙人是各有特点的。笔者根据咨询经验，归纳出合伙制的五个适用场景，更好地帮助企业内部导入合伙制，如图3-2所示。

- 要引进高级人才
- 要拆分现有的业务
- 要变革管理模式
- 要延伸现有的业务
- 要引进新的项目

图3-2　合伙制的五个适用场景

（1）要引进高级人才。

一般特别优秀的高级人才给人家打工，老板不太敢要，为什么？因为你的职务高，将来要运用公司很多资源，包括资金，才能发挥你的岗位价值与个人优势。不给你使用资源，就白高薪请你了；但给你配备了很多资源，投入这么大，没有产生期望的业绩怎么办？最好的办法就是把这位高级人才变成合伙人。

比如挖一个营销副总过来，他不是合伙人，只是职业经理人，那肯定有固定的年薪，然后业绩做得好还要拿一定比例的奖金。如果这位职业经理人做得不好呢？他的固定年薪还是应该支付的。关键是公司要配备很多资源给他，你不能指望他一个人点石成金。所以，引进高级人才是我们采用合伙制的一个比较好的场景。

（2）要拆分现有的业务。

拆分出去的业务部门，最好也采用合伙制。柏明顿咨询就做过这么一个案例。

在深圳有一家做手机充电线的企业，它以前是靠配套和找零售经销来开展公司业务。后来中国互联网快速发展，这家公司也开始拓展电商销售，销量需求一下子猛增，可是制造和研发跟不上销售的步伐。

柏明顿咨询顾问就调研诊断结果，建议把制造厂剥离开，因为它已经形成整个公司发展的资源。营销、研发如果有订单，既可以找自己的工厂生产，也可以找外面的工厂代工。

剥离出去的这个工厂，就由生产的经理、厂长、车间主任、技术人员等一起投资，相当于把这个工厂买下来。当然，原有的老板还是大股东，在这个时候把现有业务拆分出来，是可以采用合伙制的。

（3）要变革管理模式。

管理模式变革以后，是导入合伙制的一个有利的契机。就比如引入阿米巴经营模式后，把创造利润的阿米巴注册成合伙企业，或者至少建立合伙制，这个时候是非常有利的。因为每一个"巴"都是独立核算，跟公司各部门内部定价交易的，所以，这个合伙的企业也好，合伙的阿米巴也好，它的盈利状况都是可以算得非常清楚的。

举个例子，我们前面谈到的饲养企业。采购部变更成阿米巴经营模式，因为采购部可以对外去做种蛋的销售了，可以创造更多的收入。但是采购需要资金，大家可以一起出资，原来的老板也出资，这就是合伙制。养小鸡的部门再增加一两条流水线，那么也是独立核算，就比较适合导入合伙制。

（4）要延伸现有的业务。

什么叫延伸现有的业务呢？就是企业以前没做的业务，现在要在现有业务的基础上进行补充。比如企业以前只是做手机充电线的生产和销售，那现在可能要生产电脑充电线，就是延伸新的业务了。这两块业务要分开核算。这家生产充电线的企业，以前是在电商平台销售充电线产品，本来是没有工厂的，为了保障质量，可能自己再办一个工厂，但是真正的核心还是在营销。那这个工厂就是卖充电线的这个公司延伸出来的业务部门。在这个时候一定要找个合伙人，负责生产和经营，大家一起出钱合伙。

（5）要引进新的项目。

引进新的项目，这个项目的范畴很广，其实业务延伸也相当于新的项目。

项目有广义和狭义的概念。广义的概念就是独角兽项目；狭义的概念，即有明确的开始和结束时间，有标志性的项目。引进新的业务，主要包括投资型业务、研发型业务、加工型业务和顾问型业务等。

比如白板笔中的墨水，现在公司生产的白板笔要购买人家的墨水，书写的时候不容易擦掉，或者写不清楚。于是，公司成立了一个项目小组，专门研发一种比较好的墨水，既容易写，也容易擦，又有香味，还不渗透到纸张的背面，这就是一个新的项目。

但是公司不生产墨水，新型墨水研发出来以后，找到现在供应墨水的厂商，让其代加工。在这个过程中，新型墨水配方保密，部分原材料自己采购，让厂商帮公司代工，那这个研发项目就完成了。

那为什么研发这个新型墨水？公司成立一个合伙制项目组，人力、物力、实验室、设备都需要投资和费用，未来寄托于销售。这样一个人肯定忙不过来，要带几个工程师。研发部不断地做实验，要研发出既容易写又容易擦的墨水，直至项目进程结束为止。

到了销售环节，卖出去多少支笔都有数目，或者一支笔给团队提一元钱利润。从理论上讲，合伙人是在干活，但公司不想给你发工资。按道理，合伙人不需要发工资。如果公司只是给合伙人发工资，合伙人就没有那么高的积极性了。

虽然公司不给合伙人发工资，但会把该项目利润的30%当作合伙人的分红。按照股份和利润来计算，当时预测30%的股份刚好在300万元左右。在这个项目中，企业老板是投资者，合伙人才是经营者。公司当时的预测，合伙人也认可，现在拿30%的利润分配。当然，如果团队经营得好，30%的利润实际做到1000万元，团队就可以获得更多收益；如果经营团队做得不好，30%的股份结果只有100万元，那也要接受这个结果。也就是说，经营团队吃亏，老板也吃亏；经营团队盈利，老板也盈利。共打拼、共命运才叫合伙人。如果不共命运，团队就拿300万元的工资，可能老板的本钱都丢光了。拿工资和不拿工资的激励机制、动力是不一样的。

以上的这5个场景是比较适合采用合伙制的。当然有一个前提，就是公司内部要想做好合伙制，由于内部有买卖关系，所以必须把这个账算得很清楚，定价要定得很清楚，否则的话，比较容易扯皮。

我们也碰到过这么一个案例。有一家服装企业以前是给人家加工服装，没有自己的品牌，现在想做品牌，所以就找几个人一起来合伙，成立一家服装销售公司。

后来为什么会发生矛盾呢？由于当初并没有把相关合伙协议设计好。工厂把服装做好了，卖给自己品牌的公司，要如何定价，当时没有说清楚。所以，这个服装销售公司的几个合伙人总认为老板把利润放在工厂了，因为老板拥有这家服装企业100%的股份，而服装销售公司的股份，老板只占其中的一部分。由于定价没算清楚，最后几个合伙人不欢而散。

所以，不管在哪个场景采用合伙制，共同的前提是内部交易的定价，即计价的方式、方法、规则要确定下来。这就符合阿米巴经营模式分、算、奖，即分得清楚、算得明白、奖得到位。

适用合伙制的场景当然还有很多，但这五种场景是导入合伙制的最佳时机。

第三节　与什么人合伙

与什么人合伙？我们需要建立一个比较理想的人才模型。有些人不愿意做合伙人，宁可做职业经理人，是为什么呢？至少有一点，他是不愿意承担风险的。所以我们选择的合伙人，一定是愿意承担风险、有风险意识和抗风险能力的人。过于求稳的人，其实也不适合做合伙人。

与什么人合伙，就归纳为"三愿三有"，如图3-3所示。"三愿"就是愿意接受挑战、愿意承担风险、愿意出资本。这是他发自内心愿意的，强扭的瓜不甜。

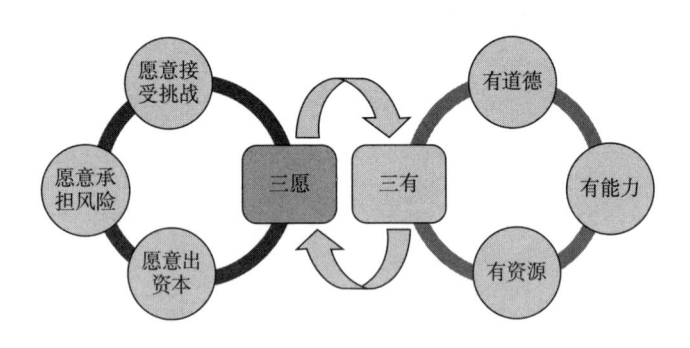

图3-3　合伙人"三愿三有"

"三有"，即有道德、有能力、有资源。当然还可以细分，比如有能力，那是经营能力还是专业能力，等等。逐一细分下来，要建立一个理想的人才模型。

那我们是不是要求每一个合伙人都要具备"三愿三有"的每一项呢？这个不可能，也不需要。所以需要细分合伙人的岗位，然后针对那个人才模型进行选拔。比如有能力，那我们要来看是有经营能力、专业能力，还是管理能力。比如要找一个营销高管，那我们当然最看重的是他的经营能力；如果要找一个行政副总，那我们更看重的可能是他的管理能力。

如果从道德和能力来比较：作为行政副总，当然更看重的是道德品质；那营销副总更看重的是能力。当然这两者不矛盾，不是说有能力就没有道德，有道德就没有能力，只是说侧重哪一方面。根据不同合伙人的岗位，在选拔合伙人的时候，可以对照这个理想的人才模型有所侧重。

但是有一点，在选择合伙人的时候要注意，如果两个人的价值观相差太大，或者有些人的个性合不来，这种人最好不要做合伙人，可以给他高工资、高奖金。如果只是出钱但不参与经营的合伙人，那就不用有那么多要求了；如果出钱又一起共同经营，那么"合不合得来"是非常重要的。有的人天生就是反对党，对任何事情都很难和他达成一致，这样的人就没法做合伙人。

只要基本的想法保持一致，就能成为合伙人。比如这个合伙企业或者合伙制部门，是想把质量做好，慢慢赢得客户，还是快速扩大规模？有些公司规模做大了，那有可能就像割韭菜一样，把客户一茬一茬地收割。也有很多企业做了20年，规模并不大，但它做得非常稳。所以，这个合伙人的基本理念是要吻合的。

在互联网时代，我们合伙做生意，到底是真正想把企业做好，给客户带来更多价值，从而获得利润呢？还是把这个企业包装好，通过引进资本，然后上市，获得更多的资本收益？有些企业就是这样，通过资本市场把企业做大，做大之后就把自己的股份出售，从而获得高收益。这个没有对和错，就看怎么去选择。

本章总结

⊙ 把企业内部某个业务部门拿出来做成合伙制，由这个业务部门与企业内部多个部门相互交易，这是最常见也是最容易实施的做法。

⊙ 合伙制的五个适用场景，更好地帮助企业内部导入合伙制，包括：要引进高级人才、要拆分现有的业务、要变革管理模式、要延伸现有的业务、要引进新的项目。

⊙ 与什么人合伙，归纳为"三愿三有"。

第四章

如何实施合伙制之四步流程

如何建立合伙制和推行合伙制，一共分为四步流程：确定合伙人员、确定权责分工、确定股份占比、确定合伙协议，如图4-1所示。掌握了这个规则，就是流程、步骤、方法、工具，就可以很好地落地实施。

确定合伙人员	确定权责分工	确定股份占比	确定合伙协议
需要什么合伙人：三维组织。选择合伙人	对资产增值保值负责；对销售收入负责；对经营利润负责；对成本降低负责；对费用节约负责	两类入伙价值；三种合伙时态；四维个人估值方法；五种企业估值企业	以合伙协议作为本企业的最高的行为准则。合伙制的五大机制，要写进合伙协议

实施合伙制之四步流程

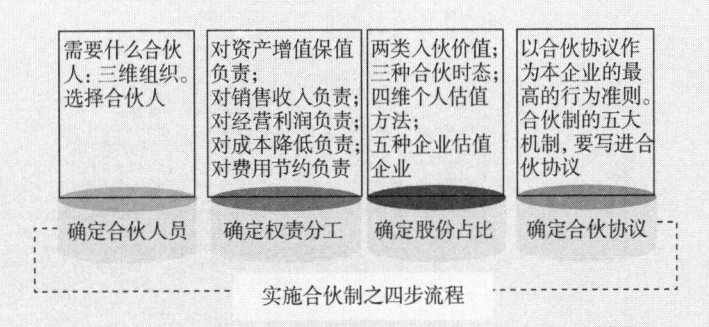

图4-1 实施合伙制之四步流程

阿米巴+合伙制

如何实施合伙制之四步流程

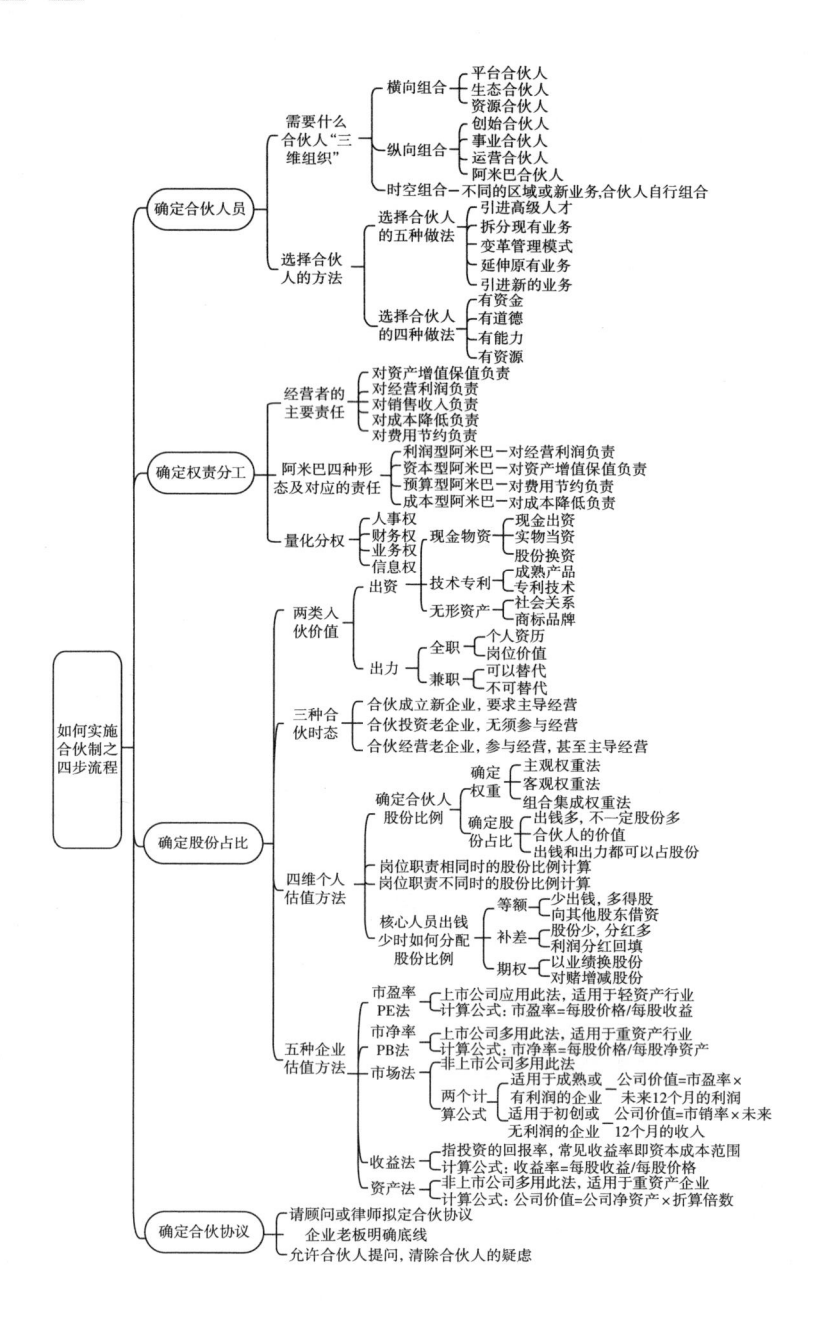

- **确定合伙人员**
  - 需要什么合伙人"三维组织"
    - 横向组合
      - 平台合伙人
      - 生态合伙人
      - 资源合伙人
    - 纵向组合
      - 创始合伙人
      - 事业合伙人
      - 运营合伙人
      - 阿米巴合伙人
    - 时空组合——不同的区域或新业务,合伙人自行组合
  - 选择合伙人的方法
    - 选择合伙人的五种做法
      - 引进高级人才
      - 拆分现有业务
      - 变革管理模式
      - 延伸原有业务
      - 引进新的业务
    - 选择合伙人的四种做法
      - 有资金
      - 有道德
      - 有能力
      - 有资源

- **确定权责分工**
  - 经营者的主要责任
    - 对资产增值保值负责
    - 对经营利润负责
    - 对销售收入负责
    - 对成本降低负责
    - 对费用节约负责
  - 阿米巴四种形态及对应的责任
    - 利润型阿米巴—对经营利润负责
    - 资本型阿米巴—对资产增值保值负责
    - 预算型阿米巴—对费用节约负责
    - 成本型阿米巴—对成本降低负责
  - 量化分权
    - 人事权
    - 财务权
    - 业务权
    - 信息权

- **确定股份占比**
  - 两类入伙价值
    - 出资
      - 现金物资
        - 现金出资
        - 实物出资
        - 股份换资
      - 技术专利
        - 成熟产品
        - 专利技术
      - 无形资产
        - 社会关系
        - 商标品牌
    - 出力
      - 全职
        - 个人资历
        - 岗位价值
      - 兼职
        - 可以替代
        - 不可替代
  - 三种合伙时态
    - 合伙成立新企业,要求主导经营
    - 合伙投资老企业,无须参与经营
    - 合伙经营老企业,参与经营,甚至主导经营
  - 四维个人估值方法
    - 确定合伙人股份比例
      - 确定权重
        - 主观权重法
        - 客观权重法
        - 组合集成权重法
      - 确定股份占比
        - 出钱多,不一定股份多
        - 合伙人的价值
        - 出钱和出力都可以占股份
    - 岗位职责相同时的股份比例计算
    - 岗位职责不同时的股份比例计算
    - 核心人员出钱少时如何分配股份比例
      - 等额
        - 少出钱,多得股
        - 向其他股东借资
      - 补差
        - 股份少,分红多
        - 利润分红回填
        - 以业绩换股份
      - 期权——对赌增减股份
  - 五种企业估值方法
    - 市盈率PE法
      - 上市公司应用此法,适用于轻资产行业
      - 计算公式:市盈率=每股价格/每股收益
    - 市净率PB法
      - 上市公司多用此法,适用于重资产行业
      - 计算公式:市净率=每股价格/每股净资产
    - 市场法
      - 非上市公司多用此法
      - 两个计算公式
        - 适用于成熟或有利润的企业——公司价值=市盈率×未来12个月的利润
        - 适用于初创或无利润的企业——公司价值=市销率×未来12个月的收入
    - 收益法
      - 指投资的回报率,常见收益率即资本成本范围
      - 计算公式:收益率=每股收益/每股价格
    - 资产法
      - 非上市公司多用此法,适用于重资产企业
      - 计算公式:公司价值=公司净资产×折算倍数

- **确定合伙协议**
  - 请顾问或律师拟定合伙协议
  - 企业老板明确底线
  - 允许合伙人提问,清除合伙人的疑虑

第一节　确定合伙人

这个问题笔者在前面也谈到了一些,那是站在合伙人个人条件的角度来考虑的,本节则从合伙组织的角度来谈谈,如何将不同特征的合伙人有效地组织起来。再做一下拓展,其实"合伙人"未必就一定是指"个体",也可以是一个组织。

确定合伙人,你跟谁合伙,到底是长期的人才还是短期的人才?只有弄清楚目的才能找不同的合伙对象。

一、需要什么合伙人:三维组织

需要什么合伙人?可通过三维组织确定:横向组合、纵向组合、时空组合,如图4-2所示。

(1)横向组合。

横向组合包括上游资源(平台合伙人)、下游终端(生态合伙人)和外部资源(整合成为资源合伙人)等。横向组合需要控制数量和质量。

第一,上游资源(平台合伙人)。

企业都有"进"和"销",上游指的是"进"。原材料、服务来源无非两种:一种是直接向生产商购进,另一种是向

横向组合	→	包括上游资源(平台合伙人)、下游终端(生态合伙人)和外部资源(整合成为资源合伙人)等。横向组合需要控制数量和质量
纵向组合	→	包括股东层面的创始合伙人、中高层的事业合伙人、业务板块的运营合伙人、阿米巴单元的一线合伙人等
时空组合	→	不同的区域,这个区域的规定是指员工的来源

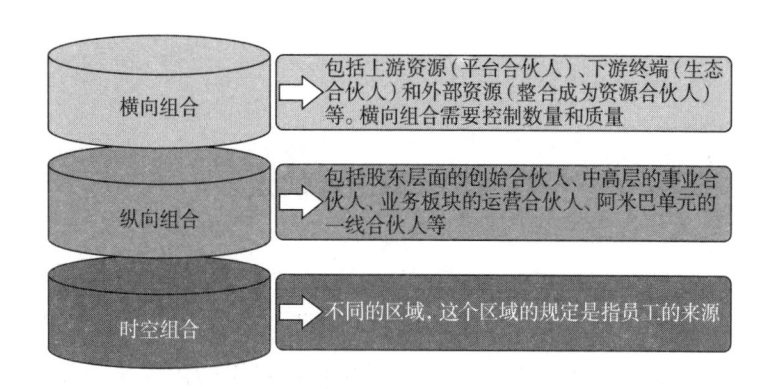

图4-2 合伙人的三维组织

贸易商购进。企业需要联结行业内比较知名的上游资源端,以保障公司长期稳定的货物供应。为长期保障上游供应,公司需要出让一部分股份给上游,形成利益共同体,将上游资源端发展成为平台合伙人。

第二,下游终端(生态合伙人)。

"销"指的是下游。企业需要借助渠道商、经销商销售产品,而渠道商、经销商又是公司之外的利益体,本身不为公司所占用,以往单纯靠销售分成的利益关系十分薄弱。在企业无法自主掌握销售渠道的前提下,需要借助下游的力量完成销售,实现轻资产运作。因此,公司可拿出一部分股份,用作对经销商的股权激励,促进经销商与公司互惠互赢,打造比"短期收益"更加有效的利益关系,即将经销商发展成为生态合伙人。

第三，外部资源（整合成为资源合伙人）。

像投资者等外部资源不跟公司的业务发生直接关系，但是能为公司发展提供资金、信息等支持。对于这种资源方的合伙制，以短期的经济报酬为主。

此外，还有很多有社会关系的人士，只要能给公司带来价值，就不排除在合伙人的范围之外，包括有客户资源的、公关资源的、能提供管理咨询与技术指导的，等等。

（2）纵向组合。

纵向组合主要包括股东层面的创始合伙人、中高层的事业合伙人、业务板块的运营合伙人、阿米巴单元的一线合伙人等。在纵向组合中，需要设计不同的类型和层级。层次要有高有低，如果合伙制里的人才都是一个级别的，就很难形成有效的执行力。

第一，股东层面的创始合伙人。

在实践中，创始人可以成为股东、可以成为董事长，也可以成为总裁，还可以成为创始合伙人。

公司创立之初，大家凭着一腔热血做事，收益、利益都搁置不论。公司发展壮大后，大家对股份的事情就越来越在乎了，创始人股东内部最容易发生股权纠纷。因为创始人对公司起到重要的作用，创始人之间的关系要优先理顺，共创共担共享，才能把公司做大做强做久。

第二，中高层的事业合伙人。

中高层的事业合伙人，主要指公司的副总、总监、经理等中高层核心岗位。合伙人机制、股权激励制度不仅能激励他们全力以赴地工作，还能促进他们完善公司治理。而给予股份，也就意味着给予责任和赋予未来收益。当公司的发展与每个人的利益有关时，所有人都会"付出不亚于任何人的努力"。

第三，业务板块的运营合伙人。

业务板块指事业部、分公司、子公司等，通常适用于多元化的公司或集团化企业。发展业务板块的运营合伙人，可以激励他们在自己的"一亩三分地"中创造更好的业绩。

第四，阿米巴经营单元的一线合伙人。

阿米巴经营单元的组织规模小，但职能全、数量多。如何激发基层业务员工的积极性，就显得尤为重要。可以通过赋予阿米巴团队充分的责权利，制定好相应的收益机制，从合伙制上进行优化。

（3）时空组合。

这是指员工来自不同区域的组合。比如公司要开展一个新业务，负责的合伙人可能来自不同的区域，相互之间没有打过交道，这种情况最好是合伙人自己组合。

如果是公司成熟的业务，可以从公司内部提拔合伙人。比如公司提拔你当这个合伙人团队的负责人，但公司并不希望所有的合伙人都由你提出，因为公司没必要把现有的成熟业务和风险交给你。

二、如何选择合伙人

企业选择合伙人的方法和要求如图4-3所示。

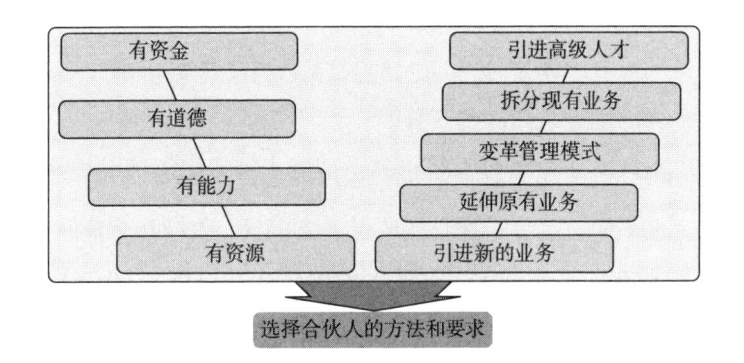

图4-3 选择合伙人的方法和要求

企业选择合伙人，怎么来选人？有资金、有道德、有能力、有资源，一个人要集合这么多优势，哪有这么好的事情？我们看表4-1，通过五个不同的做法，选择不同的人员，比如公司要引进高级人才，有营销的高级人才、有技术的高级人才等。每个合伙事业都可以根据自身的特点，给每个空格定出标准配分1~5分，然后面谈时给拟合伙人打分，打分结果达到标准配分的比例越高，表示这个人越符合合伙人的条件。

如果想引进一位高级营销人才作为合伙人，"愿意接受挑战"就表示我们的合伙事业可能与他之前熟悉的营销领域有较大的不同，我们看好的是他的营销理念、营销创意、营销策划、营销整合等能力，不是他之前的经验，因此他必须面临更大的挑战。比如他之前是线下销售建筑陶瓷的，而我们的合伙事业却是线上销售服装，如果他不愿意接受这样的挑战成为合伙人，那么就不要聘请他来当经理人，因为说明他可能是看中你给的高薪，而自己不愿意接受挑战。因此，这一格的配分是最高的5分。

为什么"愿出资本"也必须配分5分？因为作为营销人才，他未来一定要掌握较大的财务支配权，否则什么都问你，而且营销费用谁都没有把握"投出去就有回报"，你到底是批还是不批？如果他也出钱了，在做金钱投入的决策时就会谨慎很多。

假设上面那位就是张三，你找他谈了很多次，他表示不想放弃自己的建陶行业，但也没有拒绝你的邀请，那么"愿意接受挑战"一栏只给1~2分；后来他总算同意与你合伙，但是不愿意出钱或只出很少的钱，却想得到比较大比例的股份，那么"愿出资本"就给1~2分。两项打分占标准配分的20%~40%，这显然太低了，勉强合伙也走不远。

至于技术、生产方面的高级人才，他们跨行业、跨领域的可能性不大，又何必找他们合伙呢？所以，标准配分为1分。

表4-1 选择合伙人评估表

类别		三愿			二有											
					有道德			有能力							有资源	
								经营能力			承受能力		专业能力			
		愿意接受挑战	愿冒风险	愿出资本	有理想	有担当	有责任	领导能力	经营能力	管理能力	经营挫折压力	经济压力	研发能力	生产能力	销售能力	社会资源	客户资源	资本资源
引进高级人才	营销人才	5	5	5													
	技术人才	1	1	2													
	管理人才	1	1	1													
	生产人才	1	1	1													
	……																
拆分现有业务	职能拆分																
	产品拆分																
	品牌拆分																
	区域拆分																
	……																
变革管理模式	治理结构变革																
	经营模式变革																
	组织结构变革																
	作业方式变革																
	……																

81

续表

类别	三愿			三有									
^	^	^	^	有道德			有能力								有资源		
^	^	^	^	^	^	^	经营能力			承受能力		专业能力		^	^	^
^	愿意接受挑战	愿冒风险	愿出资本	有理想	有担当	有责任	领导能力	经营能力	管理能力	挫折压力	经济压力	研发能力	生产能力	销售能力	社会资源	客户资源	资本资源
延伸原有业务	上游资源延伸																
^	下游终端延伸																
^	横向相关延伸																
^	横向多元延伸																
^	……																
引进新的业务	投资型业务																
^	研发型业务																
^	加工型业务																
^	顾问型业务																

中国有句古话叫"朋友好做，伙计难当"。在合伙企业或合伙制的部门，刚开始规模体量都不算大，合伙人多数也是身边的人，所以，选择合伙人要注意一点，免得日后增加很多烦恼。比如，本来是十多年的好朋友，有可能为了一点利益而老死不相往来；本来是同事或下属，现在同是合伙人了，似乎变得对你没有以前那么尊重了……有了这些心理准备，你就会关注找什么特征的合伙人了。

第二节　确定权责分工

选择了合伙人之后，我们要确定每一个合伙人的分工和责任。这句话说起来比较容易，但是做起来比较难。合伙人也好，阿米巴也罢，它追求的是通过下移责、权、利，来激发大家经营的潜力，从而获得更多的收益。

所以在合伙制里面，要把每一个人的职责说清楚。我们平时可能会说，负产品开发的责任，负招聘的责任，这都是不严谨的说法。笔者认为，真正的合伙人一定要对经济负责任，对收益负责任。

我们必须承认财务报表是企业一切经营活动的最终反映，这是一个基本的前提。

经营的结果可能不需要太多的文字来表示，更多的是用数据，甚至是金额来表示。所有者权益、固定资产、流动资金、应收账款、应付账款、长期待摊费用……哪一个不是以"金额"作为单位的数据？这就是经营活动的最终反映。

所以，经营者的责任可以简单理解为对经营活动的"财务数据"负责。

那"企业战略"与"金额"无关，难道这不是经营者的责任？当然是，但战略正确与否、有效与否最终还是要通过

"金额"来检验,只是周期长一点而已。

你见过三大财务报表中有产品质量合格率、员工流失率、生产及时交付率、工程进度及时率、客户满意度之类的数据吗?没有!这些都是经营活动中的过程数据,而不是最终数据。过程数据与最终数据是一个"或然"而非"必然"的关系,甚至连"必要条件"都谈不上,只能说是影响最终数据的因素之一。产品质量合格率高了,就能保证企业利润一定高吗?只能说,在其他所有影响利润的因素都不变的前提下,产品质量合格率高了,企业利润就会高。但这个前提是没有任何意义的,因为"所有因素"是无法全部罗列的。

所以,管理者的责任可以简单理解为对经营活动的"过程数据"负责。经营者与管理者的责任差别如图4-4所示。

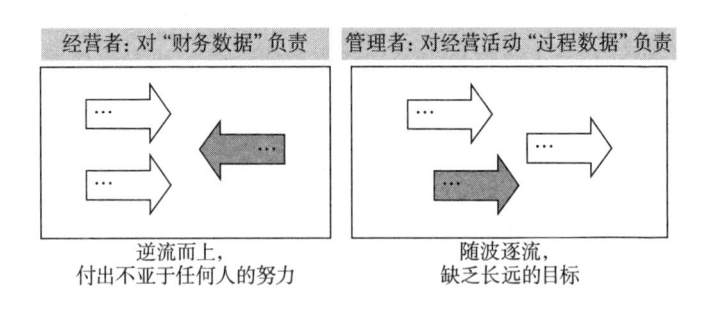

经营者:对"财务数据"负责	管理者:对经营活动"过程数据"负责
逆流而上, 付出不亚于任何人的努力	随波逐流, 缺乏长远的目标

图4-4 经营者与管理者的责任差别

有人会问,假如我既不对任何"最终金额"负责,也不对任何"过程数据"负责,那么怎么理解我的责任?我只能说:"在这个企业的经营活动中,你是多余的人!"

一、主要责任

让我们先来看看著名的杜邦财务分析法,如图4-5所示。

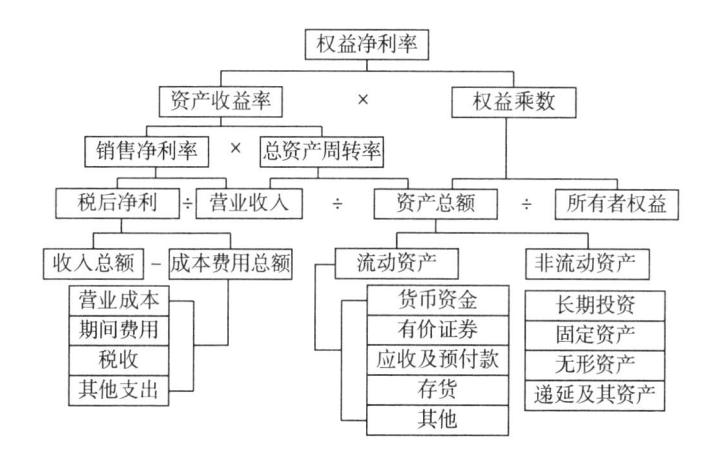

图4-5 杜邦财务分析法

我们把几个关键数据分类归纳一下,如表4-2所示。

表4-2 杜邦分析法中的关键数据分类归纳

类别	杜邦分析法中的数据	阿米巴的核算形态
资产类	权益净利率、资产收益率、有价证券、长期投资	资本巴
利润类	销售净利率、税后净利、营业收入、收入总额	利润巴
成本类	营业成本、固定资产、存货	成本巴
费用类	期间费用、税金、其他支出	费用巴

我们可以把合伙人的一级责任分为五个层次,分别为对资产增值保值负责、对经营利润负责、对销售收入负责、对

成本降低负责、对费用节约负责，如图4-6所示。这与笔者在《人人成为经营者——中国式阿米巴实施指南》中，把阿米巴分为四种核算形态相吻合。

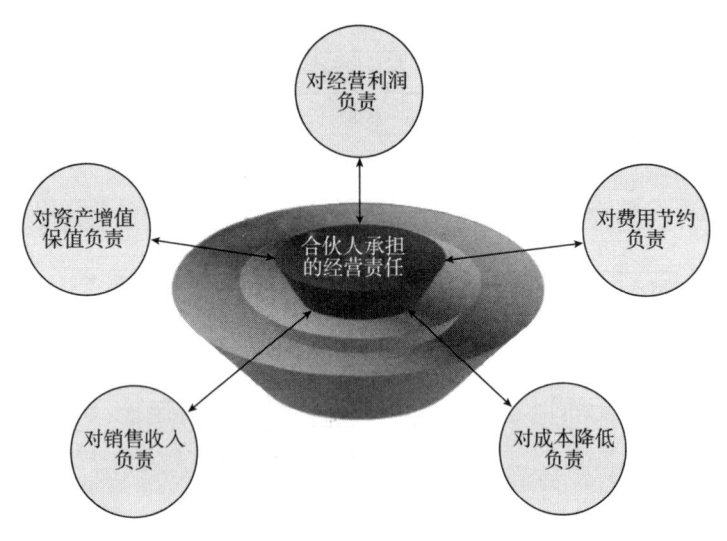

图4-6 合伙人承担的经营责任

既然有一级责任，那么还有二级责任吗？当然有，比如对经营利润负责的合伙人，假设他是营销副总，那么他下面的销售经理可能只需要对营业收入负责即可，产品对外的定价是营销副总决定的。

下面我们分别介绍一下不同的合伙人承担的不同的经营责任。

（1）对资产增值保值负责。

比如大家投资给你，你来当总经理，那么你要对大家的投资回报或者是投资的资产增值负责。至于具体做什么产品、选什么客户，这些合伙人的权力是赋予你来行使的。

简单来说，我们一共投资1000万元，每年能不能有8%～10%的回报，这得有个合伙人来负责，否则谁敢投资？

对这个指标负责的往往是合伙事业的最高决策人，比如董事长或总经理。

责任越大，权力也就越大；权力越大，经营活动选择的空间也就越大。

从图4-5中可以看出：

资产收益率＝销售净利率×总资产周转率

假如公司有A、B两款产品，根据市场的一般售价，A款的净利率有12%，B款的净利率只有10%，由于我们的资金有限，不可能两款同时生产，你会选择哪款呢？很多人会说："当然是选生产A款。"我再告诉你，A款的回款天数是60天，B款的回款天数是30天，那么这时你会选择哪款呢？我们简单算一下就知道了，为了方便理解，假设投资的1000万元全部用作流动资金来发货给客户，资产收益率比较如表4-3所示。

表4-3 A、B两款产品资产收益率比较

产品	周转天数（天）	年周转次数（次）	最大销售收入（万元）	净利率（%）	净利润（万元）	收益率（%）
A款	60	6	6000	12	720	72
B款	30	12	12000	10	1200	120

这个时候，你肯定会选择 B 款吧？

可是现实世界并不是数字游戏这么简单，有可能 B 款的销售难度、竞争难度较 A 款更大，不一定能达到 12000 万元，那么到底是选择 A 款还是 B 款呢？这个时候就需要有人决策，有人承担这个责任。

承担责任并不意味着，如果决策失误，就要由这个决策的合伙人个人来保证满足其他合伙人 10% 的年收益率，除非事前有对赌协议。但是，一件事如果不能明确是由哪一个人负责，那么这件事情多半不容易成功。记住这个公式：

$$责任 \div 2 \approx 0$$

（2）对经营利润负责。

假如你是负责销售的合伙人，你就应该对销售利润负责，而不是对销售收入负责，因为销售收入多，不一定销售利润多。

对销售利润负责的，是经营者；对销售收入负责的，是管理者。

例如，我们做企业，经营一年之后，能够完成多少利润指标？产品销售人员为了把产品卖出去，天天逼着公司降价："哎呀，老板，这个价格太高了，不好卖啊，能不能降点价？"老板最后逼得没办法，那就降价。但产品降价之后，销售人员还是按照销售收入来提成，没有对销售利润负责任。甚至这个时候，有可能产品卖得越多、亏得越多，或者虽然产品卖得多，但是比以前赚得更少。

（3）对销售收入负责。

对销售收入负责就是前面提到的，销售人员只负责把东西卖出去，产品价格由老板说了算。

（4）对成本降低负责。

先说明一下成本降低与费用节约的不同，即为什么要分成两种不同的责任，或是独立核算的阿米巴。

成本主要包括料、工、费，成本的降低应该建立在"不会影响产品或服务质量"的前提下。比如一台复合健身器材，原来一共用到13种螺钉、螺栓，现在进行材料合理化，变成9种，这对材料采购、生产过程用到的工装夹具、工艺工时等都会起到降低成本的作用，但对这款健身器材会不会有质量影响？当然不会！

成本降低是一个有底线、无限度的数据。底线就是零，成本不可能突破这个底线，但是到底能降到什么程度呢？从设计、材料、工艺、设备、人员、管理、环境等因素看，没有人能知道，只有更低，没有最低！

对降低成本负责的往往是担任研发、生产、采购的合伙人。

很多人认为，由研发部来对产品的总成本负责有点不合理，我认为恰恰相反，必须由他们来负责。所以，我喜欢用"成本降低"而不是"成本控制"来确定合伙人的责任。

（5）对费用节约负责。

所谓费用，从财务专业的角度来说，主要包括管理费用、销售费用、财务费用三大块。

节约费用与降低成本不同，要根据不同的费用科目才能确定是不是要"节约"，因为有的费用节约了，就"极有可能影响到产品或服务的质量"。这主要包括"三大开发费用"，即人才开发、产品开发、市场开发。

比如人才开发费用中的培训费用，如果我们主导的责任是"节约"，那么今年100万元的培训费用可以一分都不花。然而不行，至少得完成200人·天的培训课时，平均每人·天课时费用是5000元。道理也很简单，我找张三讲课，课酬2000元/天，找李四讲课需要8000元/天，那为了节约费用就找张三。可是这里很可能存在培训质量、培训效果的差异，费用节约了，却没有达到预期的效果。

研发费用也一样，为了节约费用，少做一轮检测，不做产品老化实验，行不行？当然不行，所以这部分的费用不应该列入"节约"的范围。

市场开发费用更复杂，请新客户吃饭，你就能保证可以成交吗？广告费用50%是浪费的，那么能不能砍掉这浪费的50%呢？或者干脆不做广告宣传，岂不是更加节约？当然不行，它会影响销量与发展。

除了"三大开发费用"外，有的是可以导向节约的，这个就不多列举了。

对费用节约负责的多是一些费用部门，即不能直接创造效益的部门，比如人事、行政、财务、审计、质保、仓管等。

你也许压根儿就没准备找这些部门的负责人做合伙人。这一点也说明至少目前你的合伙事业的规模还小，大了就不一定是你想的这样了。

如果你作为大股东、大老板，希望合伙人负什么责任？是对控制成本费用负责好、对销售收入负责好、对销售利润负责好，还是对整个资产回报负责好？合伙人，特别是对经营负责的合伙人，其压力比一般的经理人更大。阿米巴经营模式和合伙制的关系，就像钢筋与水泥的关系，非常吻合。

二、合伙人的责任层次与阿米巴核算形态

讲阿米巴经营模式的时候，根据笔者的咨询经验，归纳总结出阿米巴的核算形态包括四种：第一种叫资本型；第二种叫利润型；第三种叫成本型；第四种叫费用型，或者叫预算型，如图4-7所示。

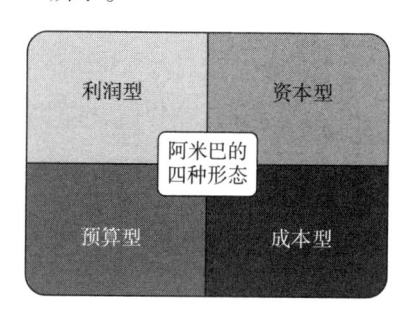

图4-7 阿米巴的核算形态

那么为什么没有把销售收入作为阿米巴的一种核算形态呢？因为从交付到交易，每一个阿米巴都必须完成一个买进、卖出的闭环的商业行为。而销售只是负责卖出，不负责买进，不对买进的成本负责任，也不对销售的利润负责任，只是卖出，这没有完成一个商业的买进到卖出的闭环。所以，在阿米巴经营模式的合作形态里面，并没有把销售收入作为一个收入型的阿米巴。

那么合伙人的经济责任，就可以对应到阿米巴的四种核算形态。比如，对资本的投资回报负责任，或对资产增值保值负责任，那么就对应资本型的阿米巴核算形态。

如果对利润负责任，就是利润型阿米巴。比如说销售，你不能仅仅对销售收入负责任，你要知道我们这个商品买进来是多少钱，中间有多少营销费用，有多少税金，有多少利润，你才能够卖出去。这是利润型核算形态。

对成本负责，就是成本型阿米巴核算形态。假如你负责工程建设，或者生产制造，那么你就应该对成本负责任。比如原材料部件买进来是多少钱，人工是多少钱，厂房设备分摊折旧是多少钱，必须做到多少件才能够把固定成本折下去，也就是弄清楚所谓的盈亏平衡点在哪里。

对费用负责，就是预算型的阿米巴或者费用型的阿米巴。对这种核算形态，我们并不过多地追求对费用预算的降低，而是你在这个预算范围里如何把工作做得更好。也就是说，资本型的阿米巴超过了投资回报，企业会加大对你的奖励；

利润型的阿米巴超过了企业的利润目标，那么加大奖励；成本型的阿米巴低于企业的目标成本，当然是在不损失质量的前提下，那么将省出来的部分给你做奖励。

但是，预算型的阿米巴不可以这样。比如说，今年的人力资源培训费用预算是300万元，如果能够把300万元节省下来，就给人力资源部分成。那么好了，少做两场培训行不行？肯定不行，300万元一定要做300场，平均1万元一场。但有的老师培训收费高，有的老师培训收费低，操作难度就很大。

总之，费用型的阿米巴对费用负责，我们更希望其认真做好工作，而不把节省的费用作为奖励的基础，因为这很容易影响工作质量。

案 例

这是柏明顿的一个咨询项目。这家公司的主要业务是做水处理，包括净水、污水处理，他们主要承接市政和一些企业的水处理业务。

这家公司的业务主要包括：方案设计；制造部分的设备；工程施工，当然也包括外包；售后服务；水质监测，水质监测也包括软件上的整个信息系统。

这里的每一项业务可以独立接单，也可以任意组合。这是什么意思呢？也许招标只招方案设计，或者说把方案设计和施工分开来招标。总之，它这个业务的5个部分是可以分开，也是可以组合的。

前三项业务是按项目的形式来完成的，即方案设计、制造部分的设备、工程施工。方案设计，即无论中标与否，这个工作都完成了；设备制造，接了订单做完了就完成了；那工程施工更加是典型的项目。售后维护和水质监测是由公司成立的两个部门，不管你是哪一个项目接来的单，最后都统一做售后服务。

公司现在想要做的是，把前三项业务按项目的属性分成多个阿米巴。比如，是按污水处理还是按净水处理，这是一个项目的维度；按地区负责，谁负责东北区，谁负责华南区，这也是一个项目的维度。

合伙协议里面有哪些内容？合伙人包括哪些人？公司本身就有大股东，还有其他管理层。

合伙人准备投入的资源包括哪些？比如公司层面就准备将一部分股份投入这个合伙企业里面；在管理层面，一个管理者投入的资源是现金加全职上班。

公司只是投入股份进来，公司原有的董事长、总经理不再担任这个合伙企业里面的日常职务。也就是说，公司只是把股份转化为一定的现金比例投入这个合伙企业，它本身不负责日常的经营。而这个管理者既要掏钱，又要作为总经理全面负责。

公司不负责经营，所以公司以股份的形式合伙，当然最终是对这个合伙企业的投资收益负责任，还对双方约定借贷负责任。如果合伙企业或者合伙制部门不能对外举债的话，那企业就是大股东，就应该借款给合伙企业。那么借款给合伙企业，当然就要收投资回报了。

而总经理全面负责公司，所以他在这个合伙企业里面承担的最高的责任就是对股东的投资回报。

公司的营销副总是以现金加全职的方式入股，所以他必须对销售利润负责任，即他的最终责任就是年度利润目标。公司的研发副总是以现金加技术加全职的方式入股，他对产品的成本负责任，即对每一个产品的标准成本负责任。他需要参照外部的产品研究公司内部的产品成本是否高。如果外面的售价比公司的成本更低，质量也不差，甚至更好，那毫无疑问，这个研发副总没有对标准成本负起真正的责任。

还有一位管理者是以社会关系资源加兼职的方式入股，所以他不出钱，也不全职上班。那么他的收益就是按公关对象给报酬，再加业绩提成。他要负责的就是约见公关对象，对他的评判标准就是公关对象所处的等级。

三、量化分权

量化分权，一般来说有四大类：人事权、财务权、业务权、信息权。

如何来设计量化分权？

我们可以采用"置顶思维"往下推演,也就是某一类权限的最大授权是什么?能不能把这个权限赋予相关合伙人?如果不能,就退而求其次;还不行,就求再次。

根据笔者的经验,这四类权限从大到小如表4-4所示,大家可以参考使用。这方面的资讯大家可以通过多种渠道获得,在此不重点讲述。通过合伙人四类权限表的练习,可以掌握各级合伙人的权限。

表4-4 合伙人四类权限表

权限		一级合伙人 一级主管	二级合伙人 二级主管	三级合伙人 三级主管	…… ……
人事权	录用权				
	解雇权				
	晋升权				
	调岗权				
	调薪权				
财务权	固定资产				
	生产资料				
	办公费用				
	销售费用				
	对外捐赠				
业务权	销售政策				
	研发确认				
	质量标准				
	生产工艺				
	对外关系				

续表

权限		一级合伙人	二级合伙人	三级合伙人	……
		一级主管	二级主管	三级主管	……
信息权	资产回报				
	税后利润				
	税前利润				
	营业收入				
	成本费用				

胡博士点拨

中国很多合伙事业不长久的第一大原因就是各位合伙人的责任与权力不清,而不是分钱不均。因为分钱的规则多数都能讲得比较清楚,而责任、权力却不容易讲清楚。它实在太细了,可能分布在工作的每一天、每件事上。

第三节　确定股份占比

难点和重点是第三步,确定股份占比:两类入伙价值、三种合伙时态、四维个人估值方法、五种企业估值方法。

一、两类入伙价值

笔者前面说过"出钱多的不一定股份多",因为合伙人用于入伙的价值有两种:出资、出力。这里又可以细分成多种情形,不同的情形会影响对合伙人的价值评估,如图4-8所示。

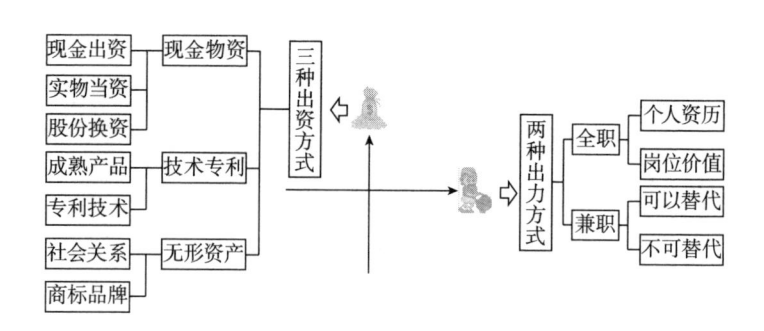

图4-8　合伙人入伙价值评估

先举个简单的例子加以说明。比如甲、乙、丙三人合伙创业,每人出资33万元,从资金占比来说,各占1/3的股份。其中，甲不在合伙企业担任日常职务，乙当总经理，丙当研发技术副总。这三人的股份能一样吗？肯定不能！或许你会说，工资归工资、股份归股份，乙、丙可以拿工资，而甲不拿。这从理论上是成立的，除非投资金额巨大，乙、丙两人的工资占投资金额的比例非常小。因为在现实中，初创公司投资有限，一般都会让乙、丙多占一定的股份。

从图4-8中我们不难看出，出力也有两种方式：一种是全职，另一种是兼职。全职分为做一般的合伙人和做掌舵的合伙人。兼职也是，分为可以替代和不可替代。

出资的方式也有三种：现金物资、技术专利、无形资产。

第一种，现金物资，包括现金出资、实物当资、股份换资。

第二种，技术专利。如果你没钱，但是有研发产品，有专利技术，可以作为合伙出资的方式。如果你有成熟的产品，不出钱，可以给你10%的股份。如果你只有一个专利，只能给你2%的股份。在实际操作的过程中，股份占比也是可以商量的。

第三种，无形资产。你有好的商标品牌，或者你的社会关系广泛，能够对公司融资或业务有所帮助，也可以作为出资的方式。当然，这种方式是不好评估的。

两类入伙价值，要注意如下几点：

第一，出资合伙人与出力合伙人事先达成共识。要以书面的形式将共识写下来并签字，内容主要是经营权和股权

（财）的关系要约定好，出资合伙人只在股东层面行使自己的权利，比如投资决定权、融资决定权、分红决定权、撤资决定权，而不插手经营事务。

第二，出资合伙人是否共享资源。出资合伙人如果拥有与公司相关联的资源（如客户资源），是否可以提供给合伙企业，最好事先明确下来。

第三，出力合伙人最好拥有绝对控股权。只出资不出力、只出力不出资，前者的目标是投资回报，后者的目标是能力回报。因此，在合伙之初，出力合伙人最好拥有绝对控股权，以保证公司的发展不被资本绑架，也能激发出力合伙人付出不亚于任何人的努力。

二、三种合伙时态

三种合伙时态包括合伙成立新企业、合伙投资老企业、合伙经营老企业。第一种是主导经营，第二种是无须经营，第三种是管一部分。参与的程度不一样，结果就不一样。

第一种合伙时态是合伙成立新企业，要求主导经营。企业要评估你的股份占多少，首先要看有价值的东西。假如你是一个司机，开了20年的汽车，但这对企业的发展有什么价值吗？这个企业就是合伙企业，只是用来做投资的。公司要准备上市了，计划做股权激励，要让20个高级员工持有公司股份。但你不可能一下子增加20个股东，上市审核的时候会增加很多麻烦。可以让这20个人注册一个合伙企业，让这个合伙企业持有母公司的股份。当主体公司上市以后，你就持有了上市公司的股票。这家 20 个人的合伙企业，还要什么商标、技术？

第二种合伙时态是合伙投资老企业，无须经营。高管成立合伙企业，给老企业投资，这家合伙企业是不需要经营的。合伙企业里的人才，至少得有两个人到老企业里工作。老企业本身有总经理、副总经理，这个合伙企业买了你 10% 的股份，还要有两个人过去干活，这是参与。

第三种合伙时态是合伙经营老企业，参与经营，甚至主导经营。合伙人需要像创业者一样全身心投入经营，投资入股，参与管理，分享企业成长带来的价值。

三、四维个人估值方法

一个人在合伙事业中股份占比多少，不只是取决于出钱多少，出力也是可以折算成股份的。

一个人对公司是否有价值，要看放在什么地方，放错地方就没有价值了。你的价值、你的钱、你的利益、你的社会关系到底值不值，要看你用在哪个地方。

出钱、出力分别有多种形式，出钱多少一目了然，可是出力怎么折算成股份呢？到底是出钱重要还是出力重要？这不能简单回答，要看合伙事业的具体情况。我把合伙事业分为四种情况，如表 4-5 所示。

表4-5 合伙事业的四种情况

情形	出钱	出力	合伙企业	对外投资
情形一	所有合伙人	所有合伙人	经营主体	不是对外投资
情形二	所有合伙人	部分合伙人	经营主体	不是对外投资
情形三	所有合伙人	都不出力	投资主体	只对外投资但不参与经营
情形四	所有合伙人	部分合伙人	投资主体	投资且参与但不主导经营

合伙企业又可以根据经营范围分为轻资产企业、重资产企业。

所谓轻资产企业，简单来说就是企业的经营与发展主要是依靠人的智力、社会关系等，不需要投资多少固定资产，扩大再生产也不取决于现金流与固定资产，当年的利润很大比例都可以用来分红，就是"钱没有那么重要，人才才是最重要的"。

所谓重资产企业，特征与轻资产企业形成相对，恕不赘述。

1. 确定合伙人股份比例的两个步骤

确定合伙人股份比例有两个步骤（见图4-9）。

第一步，确定各个维度、子维度的权重。

要想认真做好这一步，其实也不简单，方法有很多，大致分为三类：主观权重法、客观权重法、组合集成权重法。每一类方法又可以细分成很多种，这里不一一介绍，在实际工作中，中国企业喜欢用主观权重法，其中德尔菲法比较出名。该方法主要就是通过有经验的专家结合现状来加以权重，

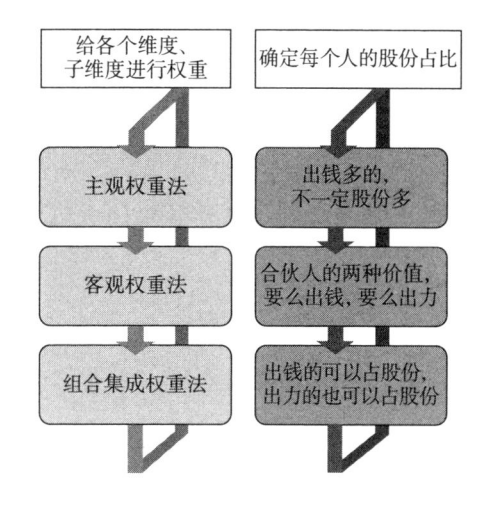

图4-9 确定合伙人股份比例的两个步骤

并在实践中不断得到修正。

（1）先给"出钱"和"出力"这两个因素权重或配分。

（2）因为所有合伙人都是全职，而且都是做技术出身的，那么岗位价值占90%、个人资历占10%。岗位就采用国际通用的《岗位价值评估体系》来打分，个人资历主要看在本行业的经验、技术职称等。

第二步，确定每个人的股份占比。

确定每个合伙人的股份占比，就回到我们前面的一句话了，叫"出钱多的，不一定股份多"，这很重要。这也是合伙制或者合伙企业非常灵活的地方。

为什么会说出钱多的不一定股份多呢？我们知道可以计入股份的合伙人有两种价值，要么出钱，要么出力。

那么出钱当然可以直接转化为股份，这个好算，但是出钱也有很多种。出现金，很容易转化成股份；那么出的是技术呢，就要去评估了；出的是无形资产呢，更要评估，要折现，否则无形资产就没有什么价值。所以，这三种都是出资的方式。

出力也有两种，一种是全职，另一种是兼职。全职很好理解，就是在公司有负责的岗位，根据岗位价值和个人资历确定股份占比。兼职的情况也分很多情形，比如平时可以对公司的发展进行指导或提供业务咨询，遇到紧急状况可以进行危机公关，还有就是自己的社会资源可以为公司发展提供帮助。这些个人价值也可以转化为公司的股份。

出钱的可以占股份，出力的也可以占股份。出钱的里面出现金的可以占股份，出物资的也可以占股份；出力的根据不同的岗位也可以占股份。我们以一个案例来说明这个问题，让各位理解什么叫"出钱多的不一定股份多"。

案 例

有一家污水处理公司案例，合伙人有5个人，一个是公司以法人的方式入股成为合伙人，一个有限合伙人。其他合伙人包括姓郑的、姓赵的、姓刘的、姓陈的。公司是以股份来入股，姓郑的和姓赵的是以现金加全职的方式入股，姓刘的以现金加技术加全职的方式入股，姓陈的是以社会关系加兼职的方式入股。

公司把公司股份的 0.5% 作为入股到合伙企业里面的资本,那么 0.5% 等于 50 万元,这个是折算过来的。姓郑的出 20 万元工资,因为他是全职,全职就有工资,可以算到本"巴"的成本里去。姓赵的也一样,他出 10 万元工资计到这个合伙企业里面。姓刘的出现金 5 万元,经内部和法人评估并达成一致,他的技术值 15 万元,技术以后就属于这个合伙企业,不是属于个人的了。当然这个也可以另外定协议。他的工资报酬也计入合伙企业。姓陈的不出钱。

那我们来算股份占比,这样就可以理解了。由于姓陈的不出钱,也不以任何方式出资,他只是出力,他要占到 10% 的股份。那么就意味着如果投资 100 万元到合伙企业,就只有 4 个合伙人来分担这 100 万元,但是 4 个人的 100 万元只能占 90% 的股份。

公司以股份等于 50 万元折算到这个合伙企业里,就是占了 45% 的股份;姓郑的出 20 万元的现金,占 18% 的股份;姓赵的出 10 万元,就占 9% 的股份;姓刘的出现金 5 万元加 15 万元技术,就相当于 20 万元,占 18% 的股份。

这样一来,合伙企业真正的现金只有姓郑的 20 万元,加姓赵的 10 万元,再加姓刘的 5 万元,只有 35 万元。这个技术转让也好,公司的股份进驻也好,它不能作为流动资金去用。

所以，我们在协议里面补充说明一句，流动资金不够的时候，就向现有的公司，就是那个母公司去借贷。原有公司的股东、老板，要承诺这一条，否则这个合伙企业也是运营不下去的。贷款给合伙企业可以，那么年息收10%，对于母公司来说也有好处。

这个时候，我们可以看出来：出钱多的，也不一定股份就多。

没出钱的姓陈的合伙人占到10%，而出钱的姓赵的只有9%。这是第一种，最开始出钱多的不一定股份多。

关键是第二种。前面说的如果在合伙企业上班，那么还有一份工资。比如这位姓郑的合伙人，出现金20万元占18%的股份，他是总经理，我们先确定总经理的基本年薪报酬是50万元，那么这个50万元是放在合伙企业里，让大家来承担，就计入合伙企业的运营成本。

现在我们可以根据表4-6来尝试评估一下除现金出资外的价值如何折算成合伙企业的股份。

出资折算股份计算方法：

  个人出资金额÷总金额×出资占总股份比例

岗位价值折算股份计算方法：

  个人岗位价值分数÷岗位价值总分数×岗位价值占总股份比例×出力占总股份比例

资历折算股份计算方法：

个人资历分数÷资历总分数×资历占总股份比例×出力占总股份比例

表4-6 四维个人价值评估法

类别			合伙+全程经营		合伙+投资+不经营		合伙+投资+主导经营		合伙+投资+参与经营	
			轻资产企业	重资产企业	一次投融资	多次投融资	轻资产企业	重资产企业	轻资产企业	重资产企业
出力	全职	岗位价值								
		个人资历								
	兼职	不可替代	平时支持	沿革指导							
				间或顾问							
			危机公关	致命损失							
				重大损失							
				一般损失							
				轻微损失							
	可以替代	内部人情								
		外部人情								

107

续表

类别			合伙+全程经营		合伙+投资+不经营		合伙+投资+主导经营		合伙+投资+参与经营	
			轻资产企业	重资产企业	一次投融资	多次投融资	轻资产企业	重资产企业	轻资产企业	重资产企业
出资	现金物资	现金出资								
		实物当资								
		股份换资								
	技术专利	成熟产品								
		专利技术								
		商标品牌								
	无形资产	社会关系	商业关系							
			政策关系							

2. 岗位职责相同时的股份比例计算

假如我们所有的合伙人都不拿工资？该怎么把出力的部分也转化为股份呢？合伙人的分工有两种情况：第一种情况，每位合伙人的岗位职责都是一样的；第二种情况，每位合伙人的岗位职责、岗位分工都是不同的。

所有的合伙人分工都是一样的，比如律师事务所、会计师事务所。8个人共同注册一个会计师事务所，共同去经营，把品牌做大做强。

那8个合伙人其实都是借助这个平台各找各的业务，然后各做各的业务。如果这个合伙人去帮那个合伙人，这个业务谁接的，谁负责支付他的费用。

像这种所有合伙人的岗位职责都是一样的，怎么来算股份？这种情况就是以出资认购的金额作为股份计算比例的基数。

那平台费用怎么来算呢？8个人一起合伙，都要办公室，都要招几个文员，还有一些宣传费用，总之，这个平台总是有费用的。那么，就由合伙人均摊，或者从每一笔收入中留取一定的比例来承担，到了年底多退少补。

比如会计师事务所今年能够接到1000万元的订单，可能是张三接的，可能是李四接的，也可能张三、李四各接了一部分。今年的平台费用预算下来可能是100万元，那么毫无疑问就占10%了。假如今天签一个单是30万元，留3万元，剩下的90%就由这个合伙人去支付你的独立的营销费用和交付的成本。

这个平台费用不应该按照合伙人的股份占比来承担。为什么呢？股份多的业绩未必是最好的。比如我占了60%的股份，只有300万元的业绩；你有20%的股份，但是你可能有600万元的业绩。如果是按照股份占比来分，那么股份多的就麻烦了。

这种情况到底按照人均来分，还是从每一笔的收入中扣留一部分？两种分法各有利弊，就看合伙人怎么去想、怎么去规定。比如按照人均来，它的好处就是促使合伙人努力接业务。这样大家才能把这个平台做得更大，把这个合伙企业做得更大，否则你的平台费用还是要支付的。

从每一笔回款里面留一定的比例，也有它的好处，就是你能力强、接单多，就为整个合伙企业贡献多一点。

3. 岗位职责不同时的股份比例计算

现在重点讲第二种情况，在这个合伙企业里，合伙人的岗位职责都不一样，那么他的股份怎么来计算呢？

毫无疑问股份包括两个部分：第一部分是出资的部分，不管是实物还是现金；第二部分是岗位价值。这两个部分作为基础来计算你的股份比例，因为大家都没有领工资。

如果领工资，你的岗位价值大，你的工资就是 50 万元；我的岗位价值低一点，工资只有 30 万元。这很公平，那么剩下的就按照你当初的出资比例来作为占股比例。

平台费用就很容易了。因为大家一起挣到的收入，不像上面所举的那个例子，你做你的，我做我的，然后必须留一部分给平台。

合伙人分工合作才能做好合伙企业。当然这个平台费用就直接从合伙企业里面支出，这个比较容易理解。也就是我们 5 个人来合伙做生意，有负责销售的，有负责研发的，有负责物流的，有当总经理的。那我们一起将产品或服务卖给客户，就有收入了，那平台的费用直接从我们的收入里面扣减就可以了。

怎么来把岗位价值折算成股份呢？我们再来看一个例子就比较容易理解了。在这家公司，合伙人张三、李四、王五三个人出资 100 万元，其中张三出资 40 万元，李四出资 35 万元，王五出资 25 万元。

这几个合伙人约定出钱的总金额占股份比例 60%，那还有 40% 到哪里去了呢？根据个人的岗位价值，就所谓的出力来折算。

张三出了 40 万元，占 60% 股份里的 24% 股份；李四出 35 万元占 21%；王五出 25 万元，占 15% 的股份。这是出钱的部分，出力的部分呢？我们一般是从岗位价值评估，有一个标准的国际岗位价值评估体系。

假如评估下来，张三担任总经理，他的岗位价值系数是 100 分；李四担任营销副总，岗位价值系数 80 分；王五担任技术副总，岗位价值系数 70 分，这样加起来就是 250 分。

折算下来，张三是 100 分，除以 250 分再乘以岗位价值占比的 40%，等于 16% 的股份；李四是 80 分，用 80 除以 250 再乘以 40%，就等于 12.8% 的股份；王五是 70 分，折算下来就等于 11.2% 的股份。那么出钱的部分再加上出力的部分，就算出了总的股份占比，如张三出钱 24%，再加上出力 16%，所以加起来是 40% 的股份。

这个案例中，张三出钱多，出力也比较多。那假如反过来张三出钱 10 万元，李四、王五加起来出资 90 万元，那么张三出钱的股份占比就很低了。尽管张三担任总经理，岗位价值系数高，但是因为出钱很少，最后加起来他的股份就可能不是 40%，但也有可能会比李四、王五更高。

也就是说，在这个时候我们渐渐地能够领悟到，出钱多的就不一定股份多了，为什么呢？道理很简单，因为出力也可以转化为股份，虽然出钱少，但是我的经营价值高，这种情况很多。

4. 核心人员出钱少时如何分配股份比例

在现实中，通常会有这几种情况，就是老板想在企业内部推行合伙制，很多员工认为我没有钱，或者我没有这么多钱，那怎么办呢？如果真正要实行合伙制，有人一分钱都不出，这种情况最好不要跟他合伙，哪怕他有能力，我们请他都可以。

那这些核心人员没有钱，出的钱不多怎么办呢？一般而言，有三种做法：第一，等额；第二，补差；第三，期权（见图4-10）。

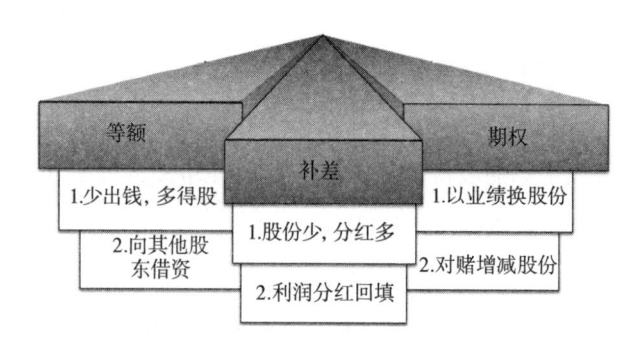

图4-10 核心人员出钱少时如何分配股份比例

第一，等额。等额又分为两种：其一，"少出钱，多得股"。比如5个人合伙，共出资100万元，平均一个人20万元，20%的股份。那我只有10万元，但是我又一定要占20%的股份，而我是这个合伙企业里面很重要的。那怎么办呢？其他4个人就相当于帮我出10万元。也就是说，那4个人要出90万元才占80%的股份，我一个人出10万元，占20%的股份，这叫"少出钱，多得股"，把"等"的部分补齐了。其二，向其他股东借资。4个人出90万元，占80%的股份，等于多出了10万元，这10万元不是借给这个钱不够的人，而是直接记到这个合伙协议里面。还有一种，就是向股东个人借钱，是打了借条的。这样一来，你投资也是20万元，那你占20%的股份也天经地义。前面那种是我只出10万元，就要得20%的股份。这一种，我个人只有10万元，再向各位股东个人借10万元，出资了20万元，所以这20%的股份有点不太一样。

第二，补差。补差也有两种做法：其一，"股份少，分红多"。你只出10万元，那么你就占10%的股份。我们4个人出90万元，那我们就占90%的股份。但是先约好，虽然你只有10%的股份，但是分红要分20%，可不可以呢？在有限责任公司和股份有限公司的股东协议里，显然是不可以的。但是在合伙企业里是可以的。我出钱占10%的股份，但是我分红分20%，只要股东之间协议认可就可以了。

其二，笔者用了股权激励的一个名词，叫"利润分红回填"，就是什么意思呢？你出了10万元，本来只有10%的股份，相当于借了我们10万元，就占了20%的股份。那么好了，你欠我们10万元。分红的时候，假如投资20万元分红8万元，那你不能把8万元拿走，因为其他股东为你垫了10万元。第二年分红9万元，因为上一年你已经回填了8万元，还差2万元，再填2万元，就可以拿到7万元。

这里是说不付利息的情况下，当然也可以增加利息，就是第一年我们借了10万元给你，相当于给你垫付了10万元，那么每一年的利息假设是10%，那你应该就是11万元。你当年分红的8万元回填以后那还差3万元，第二年3万元里又有10%的利息，就是33000元。第二年的分红9万元去掉33000元，就相当于你可以拿走57000元。这叫"利润分红回填"的补差。

第三，期权。期权又分为两种：其一，"以业绩换股份"。因为你只有10万元，又担任营销副总。你今年出了10%的钱，但是我们给你20%的股份，你业绩一定要做到1000万元或者做到800万元。如果做到了，那么你就出10万元获得20%的股份；如果没做到，那你出10万元就得10%的股份。其二，"对赌增减股份"，这个尤其对合伙企业的最高负责人是比较有效的。在现实中往往有这样的事例。有能力的人就是没钱，所以我少出一点钱，你们出资，我来经营。我出10%的钱，但是股份要占40%，因为我有资源，又有能力。你们只是偶尔帮一下，或者岗位没那么重要。

这样可以吗？可以。双方约定一个比例，你本身出资

10%，还要30%股份。你做到多少业绩，再给你10%的股份，就是20%了；再做多高的业绩再给你10%，就30%了；做更高的业绩就给你40%。

如果没有做到呢？因为你说有资源，这个生意又好，你又能做，就是没那么多钱，我们投钱给你，万一你没有做到，那就把你的股份减掉。你出了10万元，本来可以占10%股份，但是你的业绩没有实现对我们的承诺，所以按照规则减掉5%，剩下5%的股份。

这个时候可能对这个合伙企业具有一定的风险。这个人投的股份减少了，那他还会不会很用心地努力干呢？真正干活的是他，但他的股份只有5%，所以其他的合伙人就要更多地介入重要的经营岗位，否则这个合伙企业是有一定的风险的。

现在大家对这个核心的短句有了一定的理解了，就是"出钱多的不一定股份多"，因为有出力占的股份。我没那么多钱，但是通过其他方法来换得股份，所以出钱多的不一定股份多。

四、五种企业估值方法

针对上市公司和非上市公司，共有五种企业估值方法，即市盈率PE法、市净率PB法、市场法、收益法和资产法，如图4-11所示。

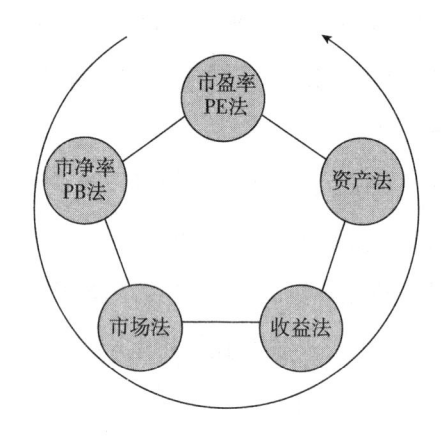

图 4-11　五种企业估值方法

为什么要对企业进行价值评估？如果是由合伙人全新成立的合伙企业，当然没有必要，但如果是10个人成立一家合伙企业，投资到W公司就不一样了。合伙企业有1000万元的资本，不经营，只做投资。W公司说给10个人10%的股份，凭什么给10%？这就需要先对W公司进行估值了。企业如何估值，方法较多，参考表4-7就可以理解了。

表4-7　五种常用企业估值法

方法名称	计算公式	参考数据	适用对象
市盈率 PE法	市盈率 = 每股价格/每股收益	市盈率可参考同行 上市公司数据	轻资产企业
	每股价格 = 每股收益×市盈率		

续表

方法名称	计算公式	参考数据	适用对象
市净率PB法	市净率＝每股价格/每股净资产 每股价格＝每股净资产×市净率	市净率可参考同行上市公司数据	重资产企业
市场法	公司价值＝市盈率×未来12个月的利润或未来3年平均利润	同行上市公司市盈率为30～40倍 同行同等规模的非上市企业为15～20倍 同行规模较小或初创企业为7～10倍	适用于成熟或有利润的企业
市场法	公司价值＝市销率×未来12个月的收入或未来3年平均收入	标准普尔平均市销率确定为1.7 软件公司为10左右 零售行业为0.5左右 上市公司平均2.13	适用于初创或无利润的企业
收益法	收益率＝每股收益/每股价格 每股价格＝每股收益/收益率	初创期收益率50%～100% 企业早期收益率40%～60% 企业晚期收益率30%～50% 更成熟的企业10%～25% 互联网5年增长10倍 平均收益率200%	适用较广

续表

方法名称	计算公式	参考数据	适用对象
资产法	公司价值 = 公司净资产 × 折算倍数 净资产收益率 = 税后利润/所有者权益	清算阶段资产打折 10% ~ 100% 0元收购但承担债务 重置阶段 净资产80% ~ 100% 无形资产重估	适用于重资产企业，估值最低

第一，市盈率PE法。

上市公司一般都会应用这种方法估值，适用于轻资产行业。其计算公式为：

$$市盈率 = 每股价格/每股收益$$

市盈率一般是指企业的利润状况。公司上年的利润有1000万元，如果把公司卖出去，大概能卖到原来的7倍，那么公司的市盈率就是7倍。这个估值一般是参考同行上市公司数据。根据这个公式，我们可以换算成以下公式：

$$每股价格 = 每股收益 × 市盈率$$

怎么知道这个市盈率是多少？基本上参考同行的上市公司数据。对于买股票的人来讲，希望市盈率越低越好，最好按原价买。卖的人呢，希望市盈率越高越好。

第二，市净率PB法。

上市公司多用此法，其适用于重资产行业。计算公式为：

$$市净率 = 每股价格/每股净资产$$

一般来说，市净率较低的股票，投资价值较高；反之则较低。但在判断投资价值时，还要考虑当时的市场环境，以及公司经营情况、盈利能力等因素。

通过市净率 PB 法估值时,首先应根据审核后的净资产计算出每股净资产;其次根据行业情况(参考同行上市公司的市净率)、经营状况及其净资产收益等拟订估值市净率;最后依据估值市净率与每股净资产的乘积决定估值。

第三,市场法。

非上市公司一般都会应用这种方法估值。市场法有两个计算公式,第一个计算公式为:

公司价值 = 市盈率 × 未来 12 个月的利润

这种方法适用于成熟或有利润的企业。如果同行上市公司市盈率为 30~40 倍,则同等规模的非上市公司为其市盈率的 15~20 倍,同行规模较小或初创企业为其市盈率的 7~10 倍。

第二个计算公式为:

公司价值 = 市销率 × 未来 12 个月的收入

这种方法适用于初创或无利润的企业,尤其是看好未来增长较快的企业,比如互联网企业。

第四,收益法。

收益法是指投资的回报率,非上市公司多采用此法。其计算公式为:

收益率 = 每股收益/每股价格

常见收益率即资本成本范围。企业初创期收益率是 50%~100%,等稳定了,你的回报就低了。为什么?因为在企业初创期,风险比较大,风险大了,理论上收益就大了。

企业早期收益率在40%~60%,企业晚期收益率在30%~50%,更成熟的企业在10%~25%。互联网企业5年增长10倍,平均收益率200%。

企业越成熟,收益率越低。企业各业务发展已经很成熟,如果有融资的需求,一般都倾向于向银行贷款。公司没有别的资产进来,才能要个人的钱。成熟企业的客户、产品、技术、渠道、管理都很稳健,一个稳健的企业要卖,市盈率就很高。

第五,资产法。

非上市公司多采用此法,适用于重资产企业,估计最低。当你用资产来谈判的时候,很吃亏。其计算公式为:

公司价值 = 公司净资产 × 折算倍数

应用资产法,主要发生在企业清算阶段和重置阶段。

第四节 确定合伙协议

合伙制企业本身就是以合伙协议作为本企业的最高的行为准则。如果是有限责任公司,它有公司章程,股东协议不能超越公司章程的范围。而在合伙企业,所有的股东共同订立的、都认可的协议,就是这个企业的最高行为准则了。确定合伙协议的流程如图4–12所示。

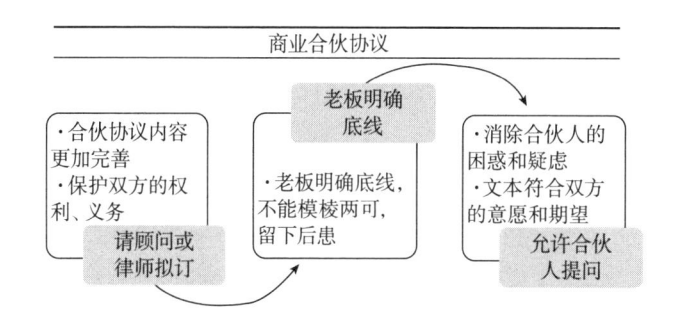

图4–12 确定合伙协议的流程

首先设计合伙协议,需要找专业人员帮助。为了避免合伙人相互之间的不愉快,建议找专业顾问来设计协议内容,或者是找律师,但是律师可能只是从规避法律风险的角度去做。所以,真正要做好一个合伙企业,包括怎么经营,怎么合伙,最好找专家顾问设计,因为他考虑问题会比较全面一些。

其次确定协议条款。协议条款的内容包括哪些？这正是下一章要讲的，就是合伙制的五大机制，这五大机制的内容都要写进合伙协议里面，以减少甚至避免不愉快。

因为如果协议条款不严谨，甚至根本就没有写下来，只是口头上约定，那一旦有分歧，怎么说得清楚呢？所以为了避免合伙人以后发生不愉快，或者减少不愉快，最好把这个协议条款定得更加科学、严谨一些。

合伙制的协议，很多内容是靠协商的，比如出资数额、盈余分配、债务承担、入伙、退伙、合伙终止等事项，协商好之后，才能订立书面协议。

最后签订协议。签订协议还需要一个正式的仪式。

胡博士点拨

> 合伙制作为一种管理机制，适用的范围非常广。在实际应用中，不一定刚开始就要注册合伙企业，而是通过大家商定形成协议的方式来操作，等有必要或条件成熟后再去注册也是可以的。

本章总结

⊙需要什么合伙人？可通过三维组织确定：横向组合、纵向组合、时空组合。层次要有高有低，如果合伙制里的人才都是一个级别的，就很难形成有效的执行力。

⊙选择合伙人：通过合伙评估表格进行选择。

⊙合伙人首先承担的是经营责任。

⊙确定股份占比，主要方法是：两类入伙价值、三种合伙时态、四维个人估值方法、五种企业估值方法。

⊙确定协议条款。合伙制的协议，很多内容是靠协商的，比如出资数额、盈余分配、债务承担、入伙、退伙、合伙终止等事项，协商好之后，才能订立书面协议。

第五章

合伙制的五大机制

合伙是否持久，除了外在竞争的因素对合伙企业造成的影响，最重要的就是内部的合伙制的设计是否全面、是否科学。合伙人之间除了签署必要的法律、法规文件，各种机制的完善才是真正决定合伙是否顺利、是否持久的关键因素。

在合伙人的协议中，就应该把需要约定的内容都尽可能地囊括进来，以避免或减少以后合作时发生不愉快，这些内容就是合伙制的五大机制。

合伙制的五大机制包括：第一，责任与授权机制；第二，目标与考核机制；第三，审计与监察机制；第四，分配与激励机制；第五，退出与结算机制。

阿米巴+合伙制

合伙制的五大机制

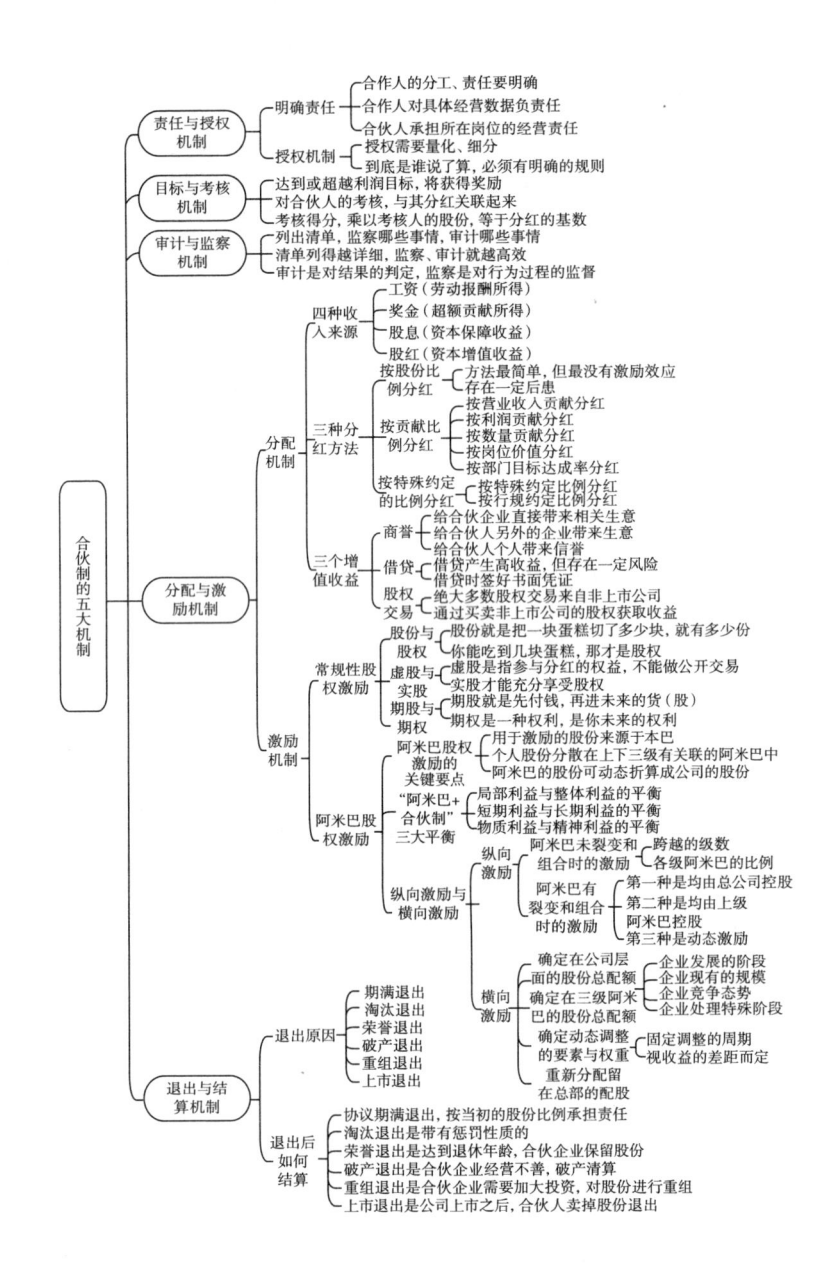

责任与授权机制
- 明确责任
  - 合作人的分工、责任要明确
  - 合作人对具体经营数据负责任
  - 合伙人承担所在岗位的经营责任
- 授权机制
  - 授权需要量化、细分
  - 到底是谁说了算，必须有明确的规则

目标与考核机制
- 达到或超越利润目标，将获得奖励
- 对合伙人的考核，与其分红关联起来
- 考核得分，乘以考核人的股份，等于分红的基数

审计与监察机制
- 列出清单，监察哪些事情，审计哪些事情
- 清单列得越详细，监察、审计就越高效
- 审计是对结果的判定，监察是对行为过程的监督

分配与激励机制

分配机制
- 四种收入来源
  - 工资（劳动报酬所得）
  - 奖金（超额贡献所得）
  - 股息（资本保障收益）
  - 股红（资本增值收益）
- 三种分红方法
  - 按股份比例分红
    - 方法最简单，但最没有激励效应
    - 存在一定后患
  - 按贡献比例分红
    - 按营业收入贡献分红
    - 按利润贡献分红
    - 按数量贡献分红
    - 按岗位价值分红
    - 按部门目标达成率分红
  - 按特殊约定的比例分红
    - 按特殊约定比例分红
    - 按行规约定比例分红
- 三个增值收益
  - 商誉
    - 给合伙企业直接带来相关生意
    - 给合伙人另外的企业带来生意
    - 给合伙人个人带来信誉
  - 借贷
    - 借贷产生高收益，但存在一定风险
    - 借贷时签好书面凭证
  - 股权交易
    - 绝大多数股权交易来自非上市公司
    - 通过买卖非上市公司的股权获取收益

激励机制
- 常规性股权激励
  - 股份与股权
    - 股份就是把一块蛋糕切了多少块，就有多少份
    - 你能吃到几块蛋糕，那才是股权
  - 虚股与实股
    - 虚股是指参与分红的权益，不能做公开交易
    - 实股才能充分享受股权
  - 股与期权
    - 期股就是先付钱，再进未来的货（股）
    - 期权是一种权利，是你未来的权利
- 阿米巴股权激励
  - 阿米巴股权激励的关键要点
    - 用于激励的股份来源于本巴
    - 个人股份分散在上下三级有关联的阿米巴中
    - 阿米巴的股份可动态折算成公司的股份
  - "阿米巴+合伙制"三大平衡
    - 局部利益与整体利益的平衡
    - 短期利益与长期利益的平衡
    - 物质利益与精神利益的平衡
  - 纵向激励与横向激励
    - 纵向激励
      - 阿米巴未裂变和组合时的激励
        - 跨越的级数
        - 各级阿米巴的比例
      - 阿米巴有裂变和组合时的激励
        - 第一种是均由总公司控股
        - 第二种是均由上级阿米巴控股
        - 第三种是动态激励
    - 横向激励
      - 确定在公司层面的股份总额
        - 企业发展的阶段
        - 企业现有的规模
        - 企业竞争态势
        - 企业处理特殊阶段
      - 确定在三级阿米巴的股份总配额
      - 确定动态调整的要素与权重
        - 固定调整的周期
        - 视收益的差距而定
      - 重新分配留在总部的配股

退出与结算机制
- 退出原因
  - 期满退出
  - 淘汰退出
  - 荣誉退出
  - 破产退出
  - 重组退出
  - 上市退出
- 退出后如何结算
  - 协议期满退出，按当初的股份比例承担责任
  - 淘汰退出是带有惩罚性质的
  - 荣誉退出是达到退休年龄，合伙企业保留股份
  - 破产退出是合伙企业经营不善，破产清算
  - 重组退出是合伙企业需要加大投资，对股份进行重组
  - 上市退出是公司上市之后，合伙人卖掉股份退出

第一节 责任与授权机制

很多企业都面临这样的矛盾：

老板：不是不想放权，实在是不敢放权，也不知道如何有效放权——企业越大，老板越累！

高管：很想有所作为，却总在混沌中无奈，职责不清、职权有限——巧妇难为无米之炊！

所以，我们就要在合伙协议中明确责任与授权机制，如图5-1所示。

明确责任
→ 合伙人的分工、责任要明确；
合伙人对具体经营数据负责任；
合伙人承担所在岗位的经营责任

授权机制
→ 授权需要量化、细分；
每位合伙人的权限必须写入合伙人协议中

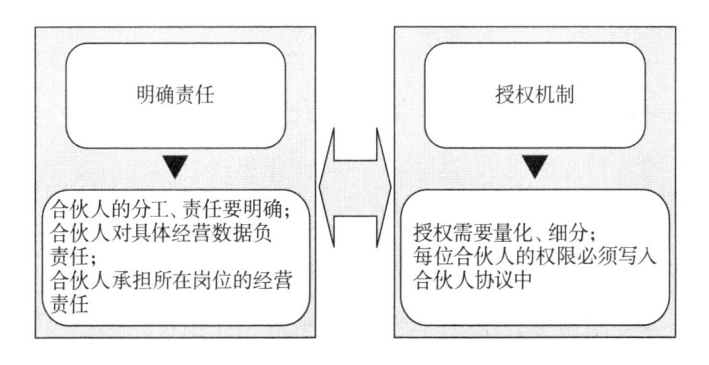

图5-1 责任与授权机制

一、明确责任

选择合伙人之后，就要把合伙人的分工、责任明确下来。最好是能够关联到企业经营的经济责任，而不是一些定性的、泛泛而谈的责任。明确合伙人是对资本负责、对利润负责、对成本负责，还是对这个预算的费用负责。

在这里，笔者要特别强调一个观念，平时我们经常会听到这样的说法："张三对质量负责、李四对研发负责、王五对销售负责、赵六对安全负责……"而当事情真朝着不利的方向发展或者没有达到预期目标时，往往又找不到真正负责任的人。为什么？因为这种对责任的界定太虚了。

我认为，真正的合伙人的责任就是，必须对具体经营数据负责任。

根据我们前面谈到的杜邦财务分析法，每个合伙人的肩上必须承担他所在的岗位的经营责任。比如：

◆担任总经理的合伙人对投资回报负责。

◆负责研发的合伙人对研发费用与产品毛利负责。

◆负责制造的合伙人对产品成本负责。

◆负责财务、行政的合伙人对管理费用负责。

◆负责销售的合伙人对销售利润负责。

……

而且这些"负责"每年都必须量化，没有达到目标的，轻则减少年薪、行政降级，重则减少股份，直至退出合伙人。

每位合伙人的责任必须写入合伙人协议中或作为合作协议附件。

二、授权机制

（1）授权需要量化、细分。

所谓的授权也要量化、细分，不能简单地说，把50%的授权给你，这个到底是多少呢？这所谓的权限，包括人事权、财务权、业务权和信息权。

在人事权方面，我是总经理、部门经理，还是部门的主管？我录用人的时候，对哪一级有决定权？一般来讲，人事任命有一个基本的原则，就是同级的可以提名，然后隔一级的上级才有权任命。比如调薪、调岗、晋升，不同级别的主管应该有不同的权限。

财务权也一样，你得把财务科目细分，然后在不同的科目里面，根据不同的管理者级别，设定不同的金额权限，不能笼统地说 5 万元、10 万元、100 万元。比如生产资料一次 100 万元也不算多，但如果是办公费用，那一次 1 万元也不算少。所以，要把财务科目先列清楚，针对不同级别的主管，设定不同的金额权限。

业务权也要界定清楚。比如我是这家公司的营销副总，那么我卖什么产品？卖给谁？定多少价格？我能不能说了算？如果公司内部的产品，我可以决定卖什么、卖给谁，那公司外部的产品呢？总之，这些具体权限要规定下来。

不同级别的合伙人、不同的管理者对信息的知情权也应该有规定。比如，作为一个合伙人，我有没有权利知道这个合伙企业的利润是多少？这个阿米巴的利润是多少？成本多少，费用多少？这就是授权机制。

由于这一点是比较具有共性的，主要强调的是经济责任，由经济责任而发生的相关的经营活动都包含在里边。

（2）合伙企业中的事，到底谁最终说了算。

合伙企业中的事，到底谁最终说了算？你可能会想，这还用问，大股东说了算。

这是一个误区，很容易误导我们把权力与个人关联起来。到底谁说了算，必须有明确的规则。人事权、业务权、信息权、财务权，要清晰赋予高管为达成目标所需要的权限。如果规则不合理，可以修改，这种合伙制就比较长久。如果合伙企业里面的职责和权限不明，这种合伙制很容易崩溃。

比如担任研发副总的合伙人既然要对产品毛利负责，那么他对用哪种材料、哪家供应商的材料、什么价位的材料是否具有最终的决策权？

如果有，那么他可能会选择比较便宜的材料，一旦出现产品质量不良导致客户退货甚至报废这些商品，该怎么办？

如果没有，而是由采购经理或总经理决定用哪家的、什么价位的材料，那么他怎么对产品毛利负责？

这方面的内容在前面也介绍了，而且可参考的资料也比较多，这里就不再赘述了。

胡博士点拨

真正的合伙人的责任就是,必须对具体经营数据负责。

这些"负责"每年都必须量化,没有达到目标的,轻则减少年薪、行政降级,重则减少股份,直至退出合伙人。

记住:每位合伙人的责任和权限必须写入合伙人协议中或作为合作协议附件。

第二节　目标与考核机制

第二大机制就是目标与考核机制。不同的人对应的经济责任就不同。比如，对资本负责任的人，他的目标导向就是让资本保值增值。他的考核一级指标就是投资回报或者资本附加值（EVA）。二级指标可能有很多，比如资本增值率、年化收益率、回收及时率、投资管理的费用占比等。

对利润负责的人，他的目标导向就是超越利润。一级指标就是目标利润达成率。二级指标也有很多，比如新客户的增长率、新产品销售额占总销售额的比例、回款及时率等。

对成本负责的人，他的目标导向就是低于目标成本。考核的一级指标应该就是目标成本的控制力，也可以叫达成率。那么二级指标可以转化成设备运转率、产品直通率、质量合格率以及准时交货率。

对预算费用负责的人，他的目标导向就不太一样了。他未必要降多少预算的费用，而是要把事情办得更好，因此考核的是各个过程性的指标。比如员工满意度、员工流失率、项目申报成功的个数、财务费用率等。为什么要这么考核？比如我们要请一个培训讲师到公司内部来讲课，那不能只看培训费是否最少。第一，我们要明确培训的需求到底是什么。

第二，要明确这个培训师与我们的需求是否匹配。比如讲阿米巴，不能只找那些口才好、会讲理论的，一定要找那些做过阿米巴项目的人，他们的内容比较实用。第三，你还可以去听听这个老师在其他公司的讲课内容。这个过程做正确了，那么你请来的老师应该就是合适的。而不是说预算10万元请一个老师来讲两天，结果你花1万元请一个老师来讲了两天，如果你前面的过程没有做好，那么也许这两天的培训是非常糟糕的。

这个阿米巴合伙制的考核和平时人力资源强调的考核，有什么样的异同点呢？传统的考核往往是把一级指标和二级指标混在一张考核表里。比如对利润负责，可能利润目标达成率占60%，新客户增长率到10%，新品增长率占10%，销售费用占5%，及时回款率占15%，加起来100%，这是我们常见的人力资源考核表。

其实这是把一级指标和二级指标放在一起来考虑，变成了并列关系；而作为对经济责任的考核指标，它应该是母子关系或者是上下级的指标关系，因此考核往往会采用一级指标的得分乘以二级指标的得分。

在阿米巴合伙制里，它不是用来考核的，而是用来细分考核目标的一些动作。比如要达到或超越利润目标，那么要对利润目标进行细分。比如利润是8000万元，那8000万元是怎么来的呢？你用1亿元的销售额减去2000万元的成本费用，那就是8000万元。当然也可以用一级指标的得分乘以它的权重,就比如一级指标 60 分,再加上各个二级指标的得分,再乘以 20%或者 30%的权重,也是一种做法。

我们前面讲了"出钱多,不一定股份多",后面的一个关键问题是"股份多,不一定分红多"。为什么呢?我们对合伙人的考核与他的分红关联起来,所以就有考核得分,乘以考核人的股份,就等于分红的基数。比如某合伙人在整个合伙企业的股份占 30%,但是他的考核得分只有 90%,30%×90%=27%,他的股份分红基数就是 27%。

如果某合伙人的股份还是 30%,最后的业绩超过了目标,达到了 110%或者 120%,那以 30%的股份乘以考核得分,分红基数就是 33%甚至 36%。如果大家都做得很好,都超过了目标,最后加起来的分红基数超过了 100%,那就第二次折算。所以这个考核机制跟报酬机制相关联,这个会详述。

在合伙企业中,大家不仅出钱,还要出力,出力就以业绩来作为最后的考量。如果你出力,但没有出业绩,怎么来折算成股份呢?我们是以岗位价值系数来折算成股份的。

总经理 100 分的系数,营销副总 80 分的系数,技术副总 70 分的系数……这个系数也是动态的,也许一年一评估,也许两年一评估。比如前期产品还没上市,那研发副总的岗位价值系数可能就最高了,占 100 分;总经理可能就开始整合资源,为投入经营做好准备,他的系数可能是 80 分;营销副总这个时候也没有产品营销,只是在做竞争对手的调查、招聘业务人员，在这个阶段，他的价值系数就只有60分。所以，这个系数是动态的。

不能因为你的股份多，就要分得多，这是不公平的。还需要结合静态的岗位价值系数，从业绩的角度考量。所以阿米巴合伙制比较灵活，激励比较到位。

案 例

我们有一家企业客户。有一天老板在开会，问生产部经理："你为什么总是不能及时交货？"生产部经理就说："老板，我们生产部门的编制从来就没满过。现在人力资源部还差60多个工人没找到，我已经天天加班到12点了。"

老板问人力资源部："那你为什么不给生产部招满人呢？"人力资源部经理讲："我这个月招60个他就要70个，我招70个他就要80个，我再怎么补也补不满他呀。"

生产部经理跟人力资源部经理就开始吵了："你招的人员根本就不合格啊。"

后来我们顾问就讲："公司真正能够招到的人，是冲着公司的品牌、福利待遇进来的，而他们离开的真正原因，工资固然是其中的一部分，但其实更多的是上下级的关系。你可以考核生产部经理，通过生产部经理把人留下来。"

具体做法是：找 100 个入职 3 个月的，100 个入职 3～6 个月的，100 个入职 6～12 个月的，分别统计他们在同一个时间段生产产品的数量、合格率和产品报废所损失的金额。

数据显示，入职 3 个月以下的每周生产 100 件；入职 3～6 个月的，每周生产 130 件；入职 6～12 个月的，每周可以生产 140 件。我规定每个人一周的生产量是 135 件。合格率，3 个月以下的 85%，3～6 个月的有 90%，6～12 个月的合格率能达到 96%。我定一个相对中间值，93%。报废的金额，3 个月以内的，一周报销 200 元；3～6 个月的报废 160 元；6～12 个月的报废 80 元。我允许你的报废金额控制在 200 元以内。

设定这个考核指标，生产部经理当然就会想办法留住员工，否则他的考核指标完不成，作为合伙人的分红就会受到影响。所以考核要真正对经营效率有帮助作用，这个考核才是有价值的。

有的管理者的口头禅是"我只要结果，其余的都是你的事情"。其实现实中，一个优秀的管理者要不断辅导部属，找到业绩不良的原因并进行分析，当然分析也有定性的，但更多的希望是定量的。

第三节　审计与监察机制

第三大机制，是审计与监察机制。就是列一个清单，监察哪些事情，审计哪些事情，列得越详细，就越能做到有的放矢。

比如一级菜单是监察经营计划与执行的情况，二级菜单包括财务监审、风控监审、日常的运营监审。运营监审又包括采购监审、营销监审等。那采购监审，包括对采购的流程、对供应商的选择、对价格等方面的监审。营销也是一样的，对广告投放的正确性进行监审，总之要列个清单出来。

需要注意的是，审计监察者不能变成被审计监察者的管理者、顶头上司。审计监察只能关注他做的事情是否合规，至于这个事情本身该不该做，不是审计监察的责任，也不在他的权力范围内。

胡博士点拨

> 审计，是对结果的判定，监察是对行为过程的监督。收入有没有达到目标，这是对结果的审计。对过程呢？这个合同你有权签订，但是监察部门随时有权来看你有没有超越权限。

第四节　分配与激励机制

我们在前面详细谈了"出钱多的，不一定股份多"，在这里就详细阐述"股份多的，不一定分红多"。这两个方面的内容是合伙人机制的核心内容。

"股份多的，不一定分红多"，意味着你的绩效不好，就会影响你的股份比例。不能因为拿到这么多股份，以后哪怕你躺平也按这个股份来分红。

本节内容尤其重要，也较复杂，笔者将本节知识点及其逻辑关系写出来，方便读者理解。

一、分配机制

我们前面强调了，每位合伙人都有合伙价值，有的出钱，有的出力，有的出无形资产（比如商标、某个人在这个领域的权威或知名度等），否则其他合伙人就不会与他合伙了。但是在不同目的的合伙企业中，出钱、出力、出"名"的价值是要重新被评估的。比如一个投资性的合伙企业，主要是把钱集中起来做投资，那么个人的学历、资历、能力等就不需要被用来占股份，股份占比只需要按出资多少来定。假如我们需要以产品带动营销，而不是以营销带动产品，那么这个与技术有关、与产品有关的人，即使投的钱少，拿的股份也不会少。股份确定了，怎么分配？怎么激励？

合伙制的分配，主要包括四种收入来源、三种分红方法、三个增值收益。

(一) 四种收入来源

合伙人的收入来源，归纳为四种：工资（劳动报酬所得）、奖金（超额贡献所得）、股息（资本保障收益）、股红（资本增值收益），如图 5-2 所示。

工资
1. 所有合伙人的岗位都是一样的
2. 大股东不参与日常经营
3. 每个合伙人的岗位都不一样

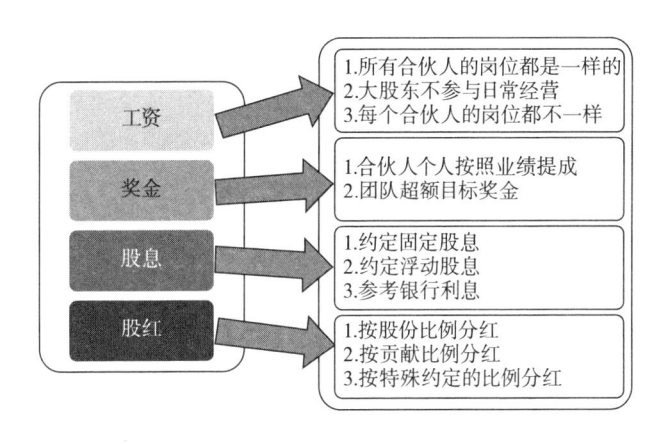

奖金
1. 合伙人个人按照业绩提成
2. 团队超额目标奖金

股息
1. 约定固定股息
2. 约定浮动股息
3. 参考银行利息

股红
1. 按股份比例分红
2. 按贡献比例分红
3. 按特殊约定的比例分红

图 5-2　合伙人的四种收入来源

为什么是这四种？比如 4 个人合伙创立一家会计师事务所，一共投资 100 万元，用于注册、办公、宣传等。假设每个合伙人的股份都是 25%，即每人出资 25 万元，4 个人都是优秀的注册会计师，未来的经营不是靠某一个人，是靠 4 个人一起努力，结果一年下来，公司 80% 的业务是我一个人找来的，其他3个人找了20%的业务，然后说按股份来分红，这样当然是不行的。所以，合伙制如果按股份来做，真的太简单了，那就是有限责任公司。

1. 工资——劳动报酬所得

这里也有三种情况：

（1）所有合伙人的岗位都是一样的。

如果每个合伙人的工作性质都是一样的，也就是说，每个人在岗位上没有分别。比如会计师事务所、律师事务所，每个合伙人都是会计师、律师，都要自己对外找业务，那么大家的工资当然是一样的或差别不大。其中，某位合伙人兼职负责事务所的日常事务，那就单独增加一份工资或津贴；如果是全职负责经营，自己的客户资源都贡献出来让其他会计师、律师去承接业务，那么他的工资与其他合伙人就不一样。

5个合伙人投资一家餐馆，每个人都有另一份工资，整个日常经营管理的团队都是聘请的，但这5个合伙人都是有社会资源的，他们都是兼职介绍大单位到这里接待客人、举行宴会等，因为这些活动多少需要一定的时间与交际费用，所以平时每人每月发10000元，包括工资和业务费用，就不再报销其他费用了。

（2）大股东不参与日常经营。

我们可以对每一位合伙人做一个约定，约定基本年薪或者约定一个比例来抵年薪。比如，合伙企业一共有5个合伙人，大股东不参与经营，还有 4 个合伙人是在参与经营的。然后大股东就提出来，你们不能拿工资，如果有利润，我们可以从利润里面拿出一部分来作为你的工资。平时如果有合伙人需要用现金，可以预支。

也就是说，如果今年的目标利润是 1000 万元，我拿利润的 20% 也就是 200 万元，作为你们 4 个人的年薪。那 4 个人又根据岗位的价值系数评估，有的可能是 60 万元，有的可能是 30 万元。

如果做不到 1000 万元，只做了 500 万元呢？我也拿出 20%，也就是 100 万元，让 4 个人去分。这样就是经营不好的时候，相当于做个抵押，降低你的年薪。

如果合伙企业做得非常好，今年预算做 1000 万元的利润，而且这 1000 万元的利润主要是集团内部交易带来的。因为集团内部允许你对外销售，所以今年我有 2000 万元的利润，其中 1100 万元是对外销售带来的，900 万元是对内销售带来的。根据当初协议规定，也是拿利润的 20% 出来分，就有 400 万元，4 个人平均能分到 100 万元，这样就会有激励作用。

大股东或出资较多的合伙人不参与日常的经营管理，就意味着要在其他合伙人中选择总经理、副总经理等高级管理人员，或者外聘。

外聘高管的定薪方式，一般都是采用"固定年薪 + 业绩奖金"的模式，至于金额多少，就取决于市场薪酬水平，加上双方谈判。笔者在这里就不详细介绍了。

如果从其他合伙人中选择高管，年薪和奖金就不可能完全市场化了，通常有以下三种处理方法：

1）固定月薪+年终超额奖金。

约定一个相对市场薪酬水平而言较低的月薪，一般在50%~80%，再加上超额完成目标利润的奖金。既然固定工资偏低，又是超出利润目标的，那么奖金比例就应该高一些。具体高多少呢？这个当然需要具体的数据来加以测算。很多时候会给一个封顶的数据，毕竟奖金也是年薪的一部分，应该有个限额。它不是分红，分红当然是没有限额的。

2）约定年薪总额，部分以分红的方式体现。

比如市场上同等规模、近似行业的企业，全面负责日常经营管理的总经理的薪酬水平是年薪80万元，合伙人一致约定自己的合伙企业这位总经理的年薪为60万元。当然他也同意，毕竟是为自己打工，更大的收益不能指望年薪，而是体现为利润分红、资产增值，甚至是上市。

那么我们可以做如下约定：

第一，每月发放固定工资3万元，即固定年薪36万元，剩余24万元采用优先分红的方式发放。

第二，预测一下当年的利润，比如300万元，那么就约定$24÷300=8\%$的利润用于抵未发放的年薪。

第三，利润预测由总经理来操作，由合伙人会议审核通过。

第四，固定月薪+优先利润分红的总金额不得超过年薪的3倍，即240万元。

第五，除固定月薪外，采用分红体现的年薪余额不设最低保底。

大股东或投资最多的合伙人将经营管理的最高权限都给你了，能不能赚到钱就看你这位总经理有没有本事了。

3）年薪全部以优先分红方式体现。

这与上一条规则有点类似。合伙企业看好你这个总经理的能力、经验，虽然你出钱不多，但出力就指望你了。你对经营也有信心，我们就做好以下约定：

第一，年薪100万元，平时一分也不发，如果急需用钱，而且在公司有利润的前提下，可以预支部分，全年预支总额不得超过年薪的30%，即30万元。

第二，年薪100万元相当于预测利润的15%，上封顶3倍，下不保底。

第三，平时预支的金额从年薪中扣除，如果不够扣，就从投资分红中扣除。当年分红不够扣时，就从次年年薪或分红中扣除，直至填补完毕。

为什么要这么设计？道理和上一条是一样的。

（3）每个合伙人的岗位都不一样。

这种情况其实比较多，每个合伙人的工资到底定多少呢？这就取决于不同的岗位价值了。也许出钱少的那位合伙人，他的岗位比较重要或者职务比较高，除股份外，他的工资也就比较高。这在第四章"确定股份占比"一节中有详细介绍,就不重复了,这里主要说明一下制定薪酬的主要方法。

这种方法主要是根据岗位价值的高低,结合市面上的工资水平来确定,当然也可以一起商量,约定每位合伙人的基本年薪。

笔者著有《三三制薪酬设计技术》一书,可以参考借鉴。企业给你支付多少工资,取决于你的三个价值。

三大价值导向的关系如图5–3所示。

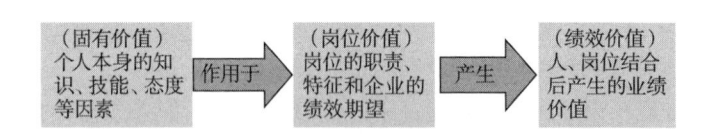

(固有价值)个人本身的知识、技能、态度等因素 作用于 (岗位价值)岗位的职责、特征和企业的绩效期望 产生 (绩效价值)人、岗位结合后产生的业绩价值

图5–3 三大价值导向的关系

1)个人价值。

个人价值亦称"固有价值",即个人本身所具有的价值,不易随着服务对象、岗位的变化而发生太大的变化,主要包括学历、专业、职称、工龄、素质等。承认一个人的固有价值就是承认一个人对未来有积极影响的经历。

有人说:英雄不问出处,我只要绩效,你的高学历、职称对公司有什么作用?有本领就拿绩效来跟我说话!其实不然,有以下原因:

第一,英雄也有熟悉环境的过程,甚至可能会提出一些给绩效带来巨大变化的措施,因而短期内不一定能取得非英雄的绩效。如果只唯绩效论，那么对于中长期战略性人才培养和保留是很不利的。

第二，从潜力方面而言，他们更有可能被培养成公司未来的中坚力量，从而形成公司的人才梯队，而这个梯队的成员是不容易在短时间内被外来者所取代的。

第三，从概率上讲，学历、专业和素质等有优势的员工，能在工作中表现出更多的绩效所不能反映的"附加值"，如沟通成本低、能提出建设性意见、完善自我的工作细节等。

2）岗位价值。

岗位价值亦称"使用价值"，即把具有一定量的固有价值的员工安排在某一特定的岗位上，而岗位的职责与特征是决定员工所能做出的贡献大小的基础平台。从理论上讲，岗位价值是不会因为担当该岗位的责任者不同而发生变化的，它是一个相对静态的价值系数。

传统的薪酬体系强调职务等级而忽视岗位价值。大家都是部长，所以工资是同一级别的；我们都是工程师，所以我们的工资是一样的。这很不合理。销售部长和总务部长的岗位价值怎么能是一样的呢？研发工程师和生产工程师的工资能相同吗？所以，工作岗位的价值肯定有大小的区别。

3）绩效价值。

绩效价值，即员工在某一特定岗位上为企业创造的价值，并且这个价值值得企业产生购买行为。因为从雇佣关系的意义上讲，员工其实也是一种商品，只不过阿米巴所购买的不是员工这个人，也不是学历、专业、职称等固有价值，而是员工在工作期间运用固有价值所创造出来的绩效。

有了这三大价值导向，企业在进行合伙人薪酬设计上就有了理论依据和科学的解释。

2. 奖金——超额贡献所得

奖金部分可以作为合伙人个人的业绩提成。当然我们更希望合伙人带团队，最好是拿团队的业绩提成。比如销售经理，如果他跟下面的业务员都一样拿销售提成，那么业务员是抢不过他的，因为他手上的资源很多。这种模式有可能导致销售经理个人业绩提成很多，但是整个团队业绩却很差。

所以在这个合伙企业里面，担任重要岗位的合伙人最好不拿个人提成，他的业绩体现为团队的业绩。这样他就会全心把团队带好，而不是一味想着个人做业绩。比如带团队可以做1000万元的销售额，他个人可以做300万元销售额，如果销售经理拿个人提成，整个公司可能只有400万元销售额，带团队只加了100万元，因为销售经理会努力去做个人业绩。如果放弃个人提成，而强调团队提成，那么毫无疑问，这个销售经理就会把团队的业绩看得很重。

哪种情况适合个人提成呢？还以合伙创立会计师事务所为例，4个人合伙，可以不发工资，但有个人提成，（如每做一单生意，就把营业收入的10%作为提成），这也是可以的。

哪种情况适合团队超额目标奖金呢？在会计师事务所，你作为销售，只是谈了一个项目，帮客户做账需要请会计师。

你拿走销售的提成，负责做账的会计师就没有提成了。如果把会计师分成四个经营小组，4个合伙人分别负责一个小组。与此同时，把20个会计师平均分配到四个小组，每个小组确定团队的经营目标是300万元，但你的小组贡献了600万元，超出的部分就作为团队超额目标奖金。

当然，如果这家合伙企业不像会计师事务所、律师事务所，而是每个合伙人担任不同的岗位，那么合伙企业内部各部门最好是做成阿米巴，实行内部交易。根据柏明顿管理咨询公司的分、算、奖经营模式，阿米巴的核算形态可以分为四种，如表5-1所示。

表5-1 阿米巴的核算形态

核算形态	简要描述	考核指标	部门举例
资本型	经营资本，包括现金、实物、证券等	投资回报率	资金部、投资部、证券部
利润型	通过主观努力，可以扩大收入与利润	目标利润达成率	对外的销售部门，可以通过主观努力来影响对外销售的研发部、产品部、品牌部等
成本型	主观努力很难增加收入，只能降低成本	目标成本降低率	生产部、施工部、采购部
费用型	做哪些事、花多少钱，不求省钱为第一目标，但求把事做更好	行为指标、过程指标	人事部、行政部、总经办、财务部

可以看出，资本型、利润型、成本型阿米巴只要超出了考核指标的要求，就可以拿到目标超额奖。但费用巴由于没有具体的经济财务指标，所以不适合把降低费用当作奖金的基数，否则可能导致服务质量下降，因此对他们的考核只是过程性指标，即是看过程是否正确，而不是看是否省钱。

工资、提成、奖金都需要计入合伙企业的运营成本，这里顺便介绍一下合伙企业的公共费用该如何处理。所谓公共费用，当然是指那些无法直接计入某个合伙人身上的费用，比如办公室租金、水电费用、物业管理费用、办公费用、行政人员的工资与福利等。

这些公共费用的分担方法主要有两种：

第一种，按合伙人人头数平均分担。

假如整个会计师事务所一年的日常开支是200万元，那么平均每个人分摊50万元，这个很容易理解。

第二种，按各合伙人的营业收入分担。

谁的营业额高，谁就多分摊一些。你做了150万元的生意，那么你就分摊多一些费用；剩下三个人才做50万元，那就分摊少一些。

通常的做法是先预算年度公共费用及营业收入额，确定"预算公共费用÷预算营业收入"的比例，然后每发生一笔营业收入就先扣除公共费用，剩下的金额才由这个发生业务的合伙人去支配，比如直接人工、营销费用、税金等。年终结算一次，实收金额与实际发生的公共费用的差额，多退少补。

两种方法各有利弊：

如果每个人平均分摊费用，就会出现有的合伙人亏损的现象，因为收入少，分担的费用比较高，收入还不够分摊共同费用。

如果按营业收入分摊，有的合伙人也会认为不公平，因为营业收入多的合伙人不一定多占用了公共资源，凭什么就要多分摊呢？

按平均分摊还是按营业收入分摊？最好在合伙以前，把规则说好，然后按规则办事。

如果合伙企业不是每位合伙人各自开发业务，而是按职能流水来操作的模式，那么就不能用以上两种方法分摊，而是直接将公共费用计入合伙企业的运营成本中。比如 A 合伙人做研发、B 合伙人做生产、C 合伙人做销售。

如果合伙企业内部采用阿米巴模式，那么也是各自承担费用。

3. 股息——资本保障收益

我们前面说过"出钱多的，不一定股份多"，那多出钱有什么用呢？我们可以每年约定一定的基本年息，这个就完全根据你出钱多少来分。没有出钱的，这部分就没有。

回到我们前面讲的那个济南污水处理公司的案例，有一个是以社会关系、无形资产这种社会资源来入股的，他没有出一分钱。假如合伙企业今年有 100 万元的利润，而约定年息是 10%，那么其他三个人一共出了 35 万元的现金，就有

3.5万元利息。那100万元的利润里面先扣去3.5万元，我们叫股息。简单来讲，可以参考银行的利息来处理。

当然你也可以做一个系数，比如股息相当于银行利息的1.1倍或者1.2倍。有了股息，才可能有股份分红。那么到底哪个优先级靠前呢？比如35万元股息10%，就要3.5万元，也许公司今年利润只有3万元，那到底是优先完成股息，还是优先完成分红呢？这个大家也可以约定。比如说优先完成股息，那利润不够分股息，还欠5万元，可以明年再说，分红就一分都没有了。

假如有5万元的利润，公司先扣除3.5万元的股息，分红就只有1.5万元了，然后再根据股份比例，还有分红的系数来分这1.5万元，这个也比较容易理解了。

回到合伙的基本原则，有的出钱，有的出力，有的出"名"，有的三者或两者都出。因此，总体上我们就应该体现"就出钱而言，出钱多的应该比出钱少的收益多；就出力（业绩）而言，出力多的应该比出力少的收益多"这个基本原则。当初我虽然出钱多，但我出力不够，因此综合下来我的股份占比较少，这个我认了，但毕竟我多出了钱，至少在出钱方面我不应该吃亏吧。为了收益公平起见，就必须引出"股息"这个概念。

比如4个人合伙创立一家会计师事务所，每个人投资25万元，占25%的股份。公司赚了钱，派发股息的时候，如果每个人都是25%的股份，股息都是一样的，可以不派发股息。如果每个人的投资款有差额，有人投资 20 万元，有人投资 30 万元，还有人投资 15 万元，有差距的时候股息才有价值。投资的金额不一样，又不能完全按照股份比例分红，那多投资的总得有好处，这个时候就需要把股息算清楚，可以保障资本收益。

股息是指合伙公司从税后利润中按照股息率派发给股东的收益，是付给资本的报酬。确定股息的方法通常有三种：约定固定股息、约定浮动股息、参考银行利息。

（1）约定固定股息。

合伙企业如果是轻资产的，那么价值的创造主要取决于人才而非资本，但说到底股息其实也是一种资本利得，也是要讲究投资回报的。因此，约定股息就有很多技巧或者说是注意事项。

◆一般不会低于银行同期年息。道理很简单，银行利息是无风险性收入，而投资到合伙企业就难说了，说不定血本无归呢，因此高一点也正常。

◆每位合伙人的投资金额差距比较大，支付股息当作股份分红的意义才大，多出钱的合伙人在出钱方面能有更多收益。

◆一般约定在多少较为适合呢？从笔者多年做咨询项目测算的数据来看，多数在 8%～12%。

固定股息的做法也是有利有弊的。

有利的一面，操作比较简单，大家约定一个比例就可以了。

不利的一面，当利润不多时，去掉固定的股息，就可能导致没有利润用于分红了，于是多出力和少出力的合伙人在"出力"方面的收益就没有差别了。

比如四位合伙人共投资1000万元，约定股息为10%，即一年总股息是100万元。那么，有可能出现以下三种状况：

A. 当年的利润小于100万元，连固定股息都不够支付，虽然可以约定从明年的利润中优先补足，但这样就没有分红了。

B. 当年的利润等于100万元，全部用于支付股息，第二年的流动资金就没有了，业绩好的合伙人也没有分红可以激励。

C. 当年利润大于100万元，比如120万元，只有20万元是分配给"出力"的，更多是分配给"出钱"的，在以智力为主的轻资产行业，岂不是颠倒了智力资本大于货币资本这一公认的事实吗？

（2）约定浮动股息。

所谓浮动股息，通常的做法是约定年度利润的一个比例用于支付总资本的股息，有的会加一个上封顶、下保底的条款。

再以刚才那个例子来说明，四个人投资1000万元创建合伙企业，约法三章：

◆ 每年以利润的20%支付股息，利润的80%用于股份分红，且股息支付优先。

◆总股息不能低于50万元、不能超过200万元。

◆股息低于50万元时，从次年利润中优先填补；高于200万元时，多余部分用于股份分红。

现在我们假设以下几种情况，以便理解"约法三章"的内容。

A. 假设某年的利润是120万元，按约定就用24万元来支付股息，可是违背了"总股息在50万~200万元"的约定，这时用利润的20%来支付股息显然是不够的。

为了确保股息的最低值即50万元，实际上就从当年利润的120万元中拿出50万元，即占利润的50÷120＝41.67%用于支付总股息，剩下的70万元用于分红。

B. 假设某年的利润是1500万元，如果用1500×20%＝300万元来支付股息，显然又高于"总股息在50万~200万元"的约定，因此只需要用200万元来支付股息，而剩下的1300万元用于股份分红。

（3）参考银行利息。

这种方法最简单，通常也有两种做法，即按银行一年或五年整存整取的年息。

4. 股红——资本增值收益

股红，即资本增值收益，简单来说是股份分红。合伙企业的分红规则不像有限责任公司或股份有限公司那么刻板，只是按股份比例分红。合伙企业的最高游戏规则就是合伙人之间共同签署的协议，而且不会因为是"私法"面对"公法"效应就低一级。也就是说，只要在没有违背国家相关法律、法规的前提下，我们"爱怎么约定就怎么约定"。下面介绍合伙企业常见的三种分红方法（见图5-4）。

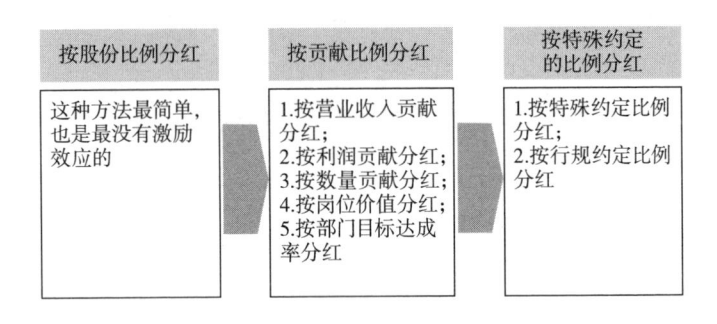

按股份比例分红	按贡献比例分红	按特殊约定的比例分红
这种方法最简单，也是最没有激励效应的	1.按营业收入贡献分红； 2.按利润贡献分红； 3.按数量贡献分红； 4.按岗位价值分红； 5.按部门目标达成率分红	1.按特殊约定比例分红； 2.按行规约定比例分红

图5-4　合伙人的三种分红方法

（二）三种分红方法

1. 按股份比例分红

这种方法最简单，也最没有激励效应。

所谓按股份比例分红，就是按工商登记时的股份比例分红。我们前面讲过，出钱多的不一定股份多，因为确定每个合伙人的股份占比时可能考虑了出资以外的其他因素，比如岗位价值、社会资源等，但在工商登记注册时总归是要确定每个人的股份比例的，就算不注册，只是企业内部的合伙制，也必须确定每位合伙人的占股比例。

但是这种做法有后患，因为随着时间的推移，当初的岗位价值会发生变化。就算我们的岗位都是一样的，比如在五个合伙人中，只有一个是管生产的，一个是总经理，其余三个都是销售人员，那三个人都没有拿工资。毫无疑问，三个销售的岗位价值系数是一样的。如果三个人刚好出的钱也是一样的，那么从理论上来讲，这三个负责销售的合伙人，报酬就应该是一样的。

但现实中，三个人做的业绩，肯定不可能是一模一样的。所以，你完全按股份来分红，就产生不了激励作用了。所以有时候，我们会按贡献来分红。

2. 按贡献比例分红

这种分红方式又可分为按营业收入贡献分红、按利润贡献分红、按数量贡献分红、按岗位价值分红、按部门目标达成率分红五种做法。前三种适用于每位合伙人的岗位都是相同的情况，第四、第五种分红方式适用于每位合伙人的岗位都不是相同的情况。以下分别进行介绍。

（1）按营业收入贡献分红。

什么叫按营收的贡献来享受分红呢？就是当初分配的股份比例，再乘以一个营收贡献的占比。举一个简单的例子，我们5个人的岗位都是一样的，股份比例也是一样的，各20%，张三为这个企业带来的营收额是1000万元、李四带来的营收额是800万元、王五带来的营收额是600万元，等等。那毫无疑问，我们就应该按照你给这个团队带来的价值去做利润分配，至少会乘以当初规定的股份比例。

这种分红方式有几个适用前提：

◆ 每位合伙人的股份占比比较均匀。

◆ 每一笔营业收入或每个项目、每个产品形成的收入中所消耗的成本比例是接近的。比如一个收入100万元的项目，其成本、费用为80万元，即总支出占总收入的80%，那么另一个60万元的收入，其总支出占比也在80%左右。

◆ 平时个人奖金、超额奖金比较低，大部分都留在公司，形成了较大的税前利润。

具体内容见表5-2。

表5-2 按营业收入贡献分红　　单位：万元,%

合伙人	股份	营业收入	营业收入占比	直接成本	成本比例	公共费用	利润	分红
张三	24	120	18.18	95	79.17	37.12	93.88	17.07
李四	26	180	27.27	145	80.56			25.60
王五	25	200	30.30	158	79.00			28.45
赵六	25	160	24.24	131	81.88			22.76
合计	100	660	100.00	529	80.15	37.12	93.88	93.88

假如把当年全部利润都分红，则按表5-2分配；若要留下次年现金和公积金，则在分红前扣除。

（2）按利润贡献分红。

如果你的利润算得清楚，最好按照每个人的利润贡献分红。比如我们三个人都是做销售的，你的销售额高，那未必利润就高，而给企业真正带来贡献的还是利润。所以按利润贡献来分红也是可以的，甚至更加科学。

这种分红方式有几个适用前提：

◆ 每位合伙人的股份占比都比较均匀。

◆ 每一笔营业收入或每个项目、每个产品形成的收入中所消耗的成本比例差异较大。

◆ 平时个人奖金、超额奖金比较低，大部分都留在公司，形成了较大的税前利润。

具体内容见表5-3。

表5-3 按利润贡献分红　　单位：万元,%

合伙人	股份	营业收入	直接成本	成本比例	毛利贡献	贡献比例	公共费用	利润	分红
张三	24	120	95	79.17	25	26.32			15.23
李四	26	180	162	90.00	18	18.95	37.12	57.88	0.00
王五	25	200	177	88.50	23	24.21			0.00
赵六	25	160	131	81.88	29	30.53			0.00
合计	100	660	565	85.61	95	100.00	37.12	57.88	57.88

（3）按数量贡献分红。

按数量贡献分红，就是你的单价差异不大，投入的成本费用也不大，为了方便简单，就直接给你计算数量。

比如拥有社会资源的合伙人，需要做的就是约见公关的对象。合伙的时候我们就规定，你今年应该约见10个某级别的人，介绍给我们的销售人员。约见并介绍一个就算你5分的权重，更高级别的权重8分，再高的权重15分，最后按这个数量去计算他的贡献价值，也是可以的。

这种分红方式有几个适用前提：

◆每位合伙人的股份占比比较均匀。

◆每次营业活动带来的收入及对应的直接成本比例差异较小。

◆平时个人奖金、超额奖金比较低，大部分都留在公司，形成了较大的税前利润。

具体做法根据表5-2、表5-3调整，这里就不再详细列表了。

（4）按岗位价值分红。

前面也讲过，岗位的系数有高有低，岗位价值有大有小，会影响最终的股份分红。也就是股份多，但贡献少，所以分红就不一定多了。

所以每一个合伙人都要全心全意出力，把这个合伙企业或合伙制的阿米巴经营好。不然无论好坏都分红这么多，那就不符合我们设计合伙制的精神和要领了。

这种分红方式有几个适用前提：

◆每位合伙人出资金所占的股份比例比较接近，但没有按岗位价值重新配股的。

◆按职能流程共同创造价值，彼此相互依存。

具体做法见表5-4。

表5-4 按岗位价值分红　　单位：万元,%

姓名	岗位	出资金额	股份占比	岗位价值	价值占比	利润	股息10%	分红	综合所得
张三	总经理	200	20	897	29.64	425	20	96.34	116.34
李四	营销副总	300	30	803	26.54		30	86.24	116.24
王五	设计总监	250	25	719	23.76		25	77.22	102.22
赵六	生产总监	250	25	607	20.06		25	65.19	90.19
合计		1000	100	3026	100.00	425	100		

注：个人分红=（利润-股息）×个人价值占比；

个人综合所得=个人股息+个人分红。

（5）按部门目标达成率分红。

这种分红方式有几个适用前提：

◆企业内部实施了阿米巴模式，每位合伙人负责的部门所创造的利润是可以量化的。

◆如果没有实施阿米巴模式，至少每个部门都有量化的经济指标或财务指标（金额），而不是指一般绩效考核的分数。

◆加上上述第四种分红方法的两个条件。

具体做法见表5-5、表5-6。

表5-5　按部门目标达成率分红　　单位：万元,%

姓名	岗位	出资金额	股份占比	岗位价值	价值占比	利润	股息10%	拟分红
张三	总经理	200	20	897	29.64	425	20	96.34
李四	营销副总	300	30	803	26.54		30	86.24
王五	设计总监	250	25	719	23.76		25	77.22
赵六	生产总监	250	25	607	20.06		25	65.19
合计		1000	100	3026	100.00	425	100	325.00

注：个人拟分红=（利润总额-股息总额）×个人价值占比。

表5-6　按部门目标达成率分红（续）单位：万元,%

姓名	岗位	目标达成	考核后实际分红	分红占比	再分剩余	综合所得
张三	总经理	89.00	85.74	28.32	6.289	112.03
李四	营销副总	93.00	80.21	26.49	5.883	116.09
王五	设计总监	97.00	74.91	24.74	5.494	105.40
赵六	生产总监	95.00	61.93	20.45	4.543	91.48
合计			302.79	100.00	22.21	425.00

注：个人考核后实际分红=个人拟分红×目标达成率；剩余总金额=拟分红总额-考核后实际分红总额；个人再分剩余金额=剩余总金额×分红占比；个人综合所得=股息+考核后实际分红+再分剩余。

3. 按特殊约定的比例分红

在投资公司，一般用投资金额的2%作为公司的运营费用。如果一个人要投资1000万元或者投资1亿元，都拿2%出来，这是一个行规。如果一个人融资了1000万元，也要投放出去。比如租办公室、招人都需要运营费用。

那收益呢？这个行规通常是20%，也就是说，今年投资1000万元，假如收到了200万元的回报，那200万元的20%就作为执行投资的这个人或这个团队的报酬，这个就是按照约定的比例分红。

按特殊约定的比例分红，有两种方法：一是按特殊约定比例分红；二是按行规约定比例分红。

（1）按特殊约定比例分红。

所有合伙人约定，根据企业的需要来做。比如当你没有任何的贡献时，除了保证股息，你最多的分红不能超过其他有贡献的合伙人平均分红的10%。假设我们分100万元，就分10万元给你，这是特殊的约定。所以，合伙制既要体现很规范、很理性的一面，也要体现带有情感性的一面。但凡合伙企业，规模都不会特别大。阿米巴合伙制也好，项目合伙制也罢，合伙人之间都比较熟悉，还是有一定感情存在的，这是一种特殊的约定。

（2）按行规约定比例分红。

比如合伙企业融资主要是用于投资而非直接经营某种产品或服务，即所谓基金性质，那么，有限合伙人即LP主要是出资，而普通合伙人即GP除了出资外，还要经营资本。按照行规，投资金额的2%用于企业的日常经营与管理，而投资收益的20%给GP。也就是说，LP通常只有收益的80%。

分红的方式有三种：第一，完全按照固定的、前面商定好的股份比例分红。第二，按照贡献比例分红。第三，按照约定的比例分红。笔者比较倾向于按贡献比例来影响当初设计的固定的股份比例，两者结合来分红，这样就形成一个动态激励。

（三）三个增值收益

合伙人除了上述四种直接收入外，还有三个间接的增值收益，即商誉、借贷和股权交易（见图5-5）。有时候这些增值收益甚至远远超过直接收入，这也是做合伙人比纯粹打工更有长远利益之处。

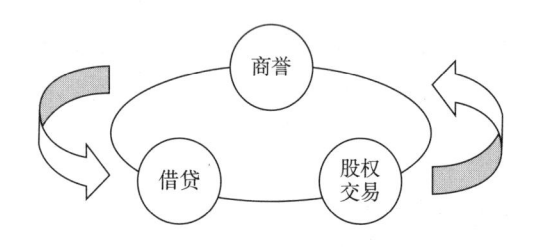

图5-5 合伙人的三个增值收益

1. 商誉

商誉通常是指企业在同等条件下，能获得高于正常投资报酬率所形成的价值，能在未来为企业经营带来超额利润的潜在经济价值。这是企业所处地理位置的优势，或是经营效率高、历史悠久、人员素质高等多种因素带来的，与同行企业比较，可以获得超额利润。

商誉是与企业整体结合在一起的。企业一旦拥有良好的商誉，就具有超过正常盈利水平的盈利能力和服务潜力。因此，商誉的价值只有通过作为整体所创造的超额收益才能集中表现出来。

除了上述理论上的商誉收益外，这里说的商誉体现为作为经营业绩优秀的合伙企业中的主要合伙人之一，在商界能够获得良好的背书。这表现在三个方面：

（1）给合伙企业直接带来相关生意。

比如合伙企业是给苹果电脑做配件的，虽然利润不高，但全世界的电脑装配企业都会找你们下订单，这就是商誉带来的价值。而如果你不是合伙人，只是一位经理人，那么你的收益是不可能直接与企业收益的增长呈正比例线性关系的。

（2）给合伙人另外的企业带来生意。

如果你在现有的合伙企业（假设名称为M）既是合伙人又是经理人，同时还有其他的生意或投资（当然不可以同你现任的合伙企业是同行，更不能是竞争对手，假设名称为H），那么当你的H企业的客户和利益相关者知道你是M企业的合伙人，而且M企业经营口碑又很好时，你无意之间借M企业给H企业带来良好的商誉，H企业也会受到很多客户的青睐。这也是一种增值收益。

（3）给合伙人个人带来信誉。

前提是你所在的合伙企业要经营得很好，盈利状况、客户与供应商口碑、员工满意度都不错,那么你就是一个很好的品牌了。我们做顾问项目中经常遇到这样的现象,A企业获得了投资5000万元,这个投资者可以占该公司10%的股份,可是另一个投资者也投资了5000万元,这个企业只给他5%的股份。为什么?前一个投资者知名度大,个人品牌一呼百应。这些收益,如果你不是合伙人,哪里能够享受到?

2. 借贷

增值收益的另一个方式是借贷,虽然借贷可以产生高收益,但也存在一定的风险。因此,借贷要有抵押,为了杜绝事后纷争,最好借贷时就签好书面凭证,以免口说无凭,徒增困扰。

记住,股份、股票通过有关法律程序办理之后是可以抵押贷款的,至于是向银行抵押还是向第三方资本机构或个人抵押,这就看你的意愿和需要了。贷款之后可以做更大的生意,又可以赚到更多的利润,这难道不是另一种收益?

3. 股权交易

现在上市企业种类很多,有主板、中小板、创业板、新三板、科创板,还有H股、海外股。其实股权交易的路径并非上市一条路,绝大多数股权交易来自非上市公司,只是没有公开信息而已。很多基金、投资商就是通过买卖非上市公司的股权来获益的。

比如你给合伙企业投资了200万元,占20%的股份,也就可以折算出总投资1000万元。通过一段时间的经营,有人想投资给你的企业，双方确认公司估值达到 2 亿元的时候，你那 20% 的股份不就相当于 2000 万元了吗？一下子涨了 10 倍！假如对方出资 3000 万元购买合伙企业 30% 的股权，也就是你的股份也要出让 30%。现在你的股份的价值是 2000 万元，卖掉 30% 的股份，就可以收回 600 万元的现金，相当于初次投资 200 万元有 300% 的回报了，而且你手中还握有 1400 万元价值的股份。

胡博士点拨

> 这个收益是不是比你的工资、年薪、股息、分红有价值得多？

因为外面的投资者如果想投资你的企业或收购你的企业，一般都会先找到大股东，或者大股东主要从事资本运作，其他股东在从事日常的经营管理。那么，当大股东在接触投资者时，实际上大概就知道了对方可以出什么价，至少是购买其中部分股份。这时大股东往往会采用内部优先收购的方式来收购其他股东的股份。

比如你投资 200 万元到这个合伙企业，占 10% 的股份，现在有人愿意估值 1 亿元购买其中的 20% 的股份，意味着比当初投资时的价值翻了 3 倍。这时大股东可能会找到小股东，愿意以 3 倍的价格收购你的全部股份，你卖不卖？一下子多翻了 3 倍，投资 4 年多来，总共分红才不到 80 万元，想来还是卖了划算。而这时大股东以3倍价格收购，以5倍价格卖出，即以600万元买你的股份，以1000万元卖给新投资者，净赚400万元。

如果你今天不卖，过了两三年，假如经营状况下跌得厉害，也许这个合伙企业连2000万元的本钱都卖不到呢？这时你一定会把肠子悔青的。当然，因为你本身就是这个合伙企业的经营者之一，应该有理由、有能力判断是否值得出售你的股权、什么时候出售。

二、激励机制

激励，即鼓励你做得更好，那么可能就会分得更多。所以分配与激励机制，对于整个合伙制来讲是非常重要的。

这是我需要重点介绍的部分，而且阿米巴、合伙制的股权激励与常规的股权激励在操作上有很大的区别。

（一）常规性股权激励

公司做股权激励的目的，是希望员工一起努力，一起当合伙人做这件事，而不是从你身上赚钱。常规性股权激励，有三对重要名词需要澄清一下，这又回到了结构化思维，如图5-6所示。

1. 股份与股权

股份就是把一块蛋糕切了多少块，就有多少份，而你能吃到几块蛋糕，那才是股权。你占有这个公司的股份多，但

股份与股权	股份就是把一块蛋糕切了多少块,就有多少份,而你能吃到几块蛋糕,那才是股权
虚股与实股	虚股是指参与分红的权益。虚股不能做公开交易,内部可以另外协商。实股才能充分享受股权
期股与期权	期股就是先付钱,再进未来的货(股),中途不得毁约。这就把激励对象的潜力激发出来了。期权就是一种权利,是你未来的权利

图 5-6　常规性股权激励的三对重要名词

分得的利益未必多。虽然股份多,但公司决策权不一定在你的手中。比如马云跟孙正义,马云的股份并不多,但在阿里巴巴公司发展的时候,他有一票否决权。后来又成立了合伙人公司,合伙人公司不断控股,虽然这个公司的股份比较少,但由于层层控制,所以上层的权利比较大。总之,股份是数量,股权是权利,股份数量多不一定代表权利大。

我们做股权激励,不要把激励看淡了,真正的股权激励强调的是激励。股权是一个手段,不能简单地理解为给你股份。那你怎么来激励他呢?那就要有业绩。所以真正做股权激励,要考虑过去,考虑现在,也要考虑未来。所谓的"过去"是你的工龄长,那你的股份就多一点;"现在"是职务等级越高的,你配比的股份就越多;所谓的"未来"是指你将来做得越好,你配比的股份就越多。

所以,通常的股份配额有三个要素,就包括工龄、职等、绩效。关于股权获得,通常会这么组合:赠予+购买+期权。赠予,就看你的工龄多少,公司按照一定的规则送你多少,这叫赠予。购买，根据职务等级的高低。比如副总有100万股，总监80万股，经理60万股，但是你必须拿现金来购买。然后我们通常的经验是你购买多少股，公司就配比多少股给你做期权。

三年以后，根据业绩来让你行权。比如我是这个副总，给我配比购买的是100万股，那么我的期权就是100万股。我不想买那么多，只买80万股，公司给的期权就是80万股。投资的钱越多，就越珍惜，这是股权激励的原则。

股权计划里通常用到的一种方法，就是根据业绩行权。比如，考核达到90分以上，原来约定10元一股的，因为你考核的业绩非常好，可以降到8元一股。也可以说，因为你考核业绩比较好，所以原来答应给你100万股的，现在可以给你120万股。总之你业绩好，要么购入的价格便宜，要么以相同的价格购入更多的股份数量。

反过来也是一样的，如果你的业绩不好，那么购入的价格就上涨或者购入的数量就减少。比如以前10元一股的，现在要15元一股。或者以前大于100万股的，因为你的业绩没有达到当初我们约定的条件，公司现在只能卖60万股给你。可以在合伙协议里面约定好。上述内容就是做股权激励的组合。

2. 虚股与实股

所谓的虚股，主要是指参与分红的权益。虚股不能公开交易，内部可以另外协商。股权通常情况分为三部分：第一，分红权。股份多/分红少，证明你的股份大/股权小。第二，增值权。当你没有分掉这个利润，还留在公司时，你还没有资格来分享价值增长差额。第三，资产的表决权。通常情况下，虚股主要是指你享受分红权，就是你可以分红，但不一定拥有资产的表决权。平时股份给你了，但公司要不要引进新的合伙人，这跟你没关系，你没有这个权利。最多是开会的时候，你可以提意见。

实股才能充分享受股权。有的人说虚股是不注册的，实股是注册的，不能这么划分。因为不管有没有注册，注册的章程是法律文件，属于大家都要遵循的法律法规。而真正对公司有效的，往往是股东会或董事会所通过的决议。也就是说，虽然没有在工商注册，但程序合法，也同样受法律的保护。

3. 期股与期权

这两个名词很容易混淆，需要详细解释一下，因为后面会用到它。

期，是指未来规定的时间，有点像英文中的将来进行时。比如我们在未来 5~6 年将城中村进行改造，说明现在还没改，什么时候改？从今天算起，第 5 年或第 6 年。

期股的概念：激励对象按照约定的价格，在某一规定的时期内，以个人出资、贷款、奖励、红利等方式获取一定数额的企业股票/股份，股票/股份收益将在中长期兑现。

案 例

A 企业今天的净资产是 3000 万元，假设总股本数就定为 3000 万股，即相当于 1 元/股，这是原有股东权益的原始价。

现在 A 企业要给张三做股权激励，股价总得溢价一点吧。假如引进外部投资而不是内部的股权激励对象，股价可能溢价 10 倍，现在因为张三是企业的核心骨干，就少溢价一点，毕竟股权激励的本质是把人才留下来与企业共同持续发展，而不是想要激励对象那点钱。现在原有股东一致同意，溢价 5 倍，即以 5 元/股卖给张三 120 万股，张三就花 600 万元来买股，占总股本数 3000 万股的 4%。这时公司的净资产虽然只有 3000 万元，实际上估价是值 1.5 亿元的，因为溢价 5 倍了。

如果事情到此为止，那就谈不上股权激励了，而是股权买卖。

现在问题来了，张三以 5 元/股的价格所购买的不是今天的股份，而是 3 年以后的股份。在这 3 年里，股本总数一般都不变，还是 3000 万股，但是净资产是会变的，经营得好，就不止 3000 万元，反之就不到 3000 万元了。

假如 3 年以后公司的净资产只剩下 1000 万元了，而张三当时用于购买股份的资金是 600 万元，占 4% 的股份，即那时公司的估值是在净资产的基础上溢价了5倍，是1.5亿元，如果张三还以原来5元/股的价格购买股价，相当于溢价了15倍，这对于内部股权激励来说，的确是有点高。也就是说，张三不划算。张三说："我不买了，把钱退给我。"不行，这就是期股的游戏规则，愿赌服输。

相反，假如3年以后净资产从原来的3000万元增值到了6000万元，那么张三购股相当于只是溢价了2.5倍。原有股东想，我卖给外面的投资者至少溢价10倍，而给张三只有2.5倍，不卖了，把钱退还给他，行不行呢？当然不行。

张三顺利把股份买进了，他在想，接下来就把自己4%的股份卖给外部的投资者。你算一算，现在的净资产是6000万元了，外部投资者愿意溢价10倍即估值6亿元来购买这家公司20%的股份，也就是1.2亿元。如果张三把4%的股份全部卖掉，就可以套现6亿元×4%＝2400万元。投资600万元，3年回收2400万元。行不行呢？当然也是不行的，就算要卖，通常也是所有股东等比例出售20%给外部投资者，即张三最多能够卖出4%×20%＝0.8%的股份。更多的时候，在做股权激励时，还会约定一个禁售期，也就是张三买进期股（行权）后3年内不得出售或转让。这才符合期股定义中的"收益将在中长期兑现"。

所以，期股就是先付钱，再进未来的货（股），中途不得毁约。这就把激励对象的潜力激发出来了，才能取得更好的效果。

期权的概念：企业给激励对象在将来某一时期内以一定的价格购买一定数量股权的权利，激励对象到期可以行使或放弃这个权利。

期权就是一种权利，是未来的权利。我们举个例子，你订了一个商品，交付了定金，约定三年后买成品。那卖家就会提出要求，如果三年以后，你没有达到这个要求，卖家就不卖给你了，就这个意思。

在企业内部也是一样的，公司可以给你做股份期权。但是，公司今天答应给你 10 元一股，那么你以三年里每年的业绩达到一个什么标准来买。三年以后，也许股价本身就涨到了 15 元，那公司还是以 10 元卖给你。如果三年以后由于经营不善，当初答应的 10 元一股，有可能变成了 8 元一股，那你还买不买呢？你肯定不会买，这个权利由你自己掌握。

我们从概念中可以知道，期权实质上就是把未来的权利合约化。就像你现在还没到 18 岁，所以暂时没有选举权和被选举权，那么怎么保证到了 18 岁以后就会有呢？有国家的宪法和其他相关法律保证。当然，到了 18 岁你可以不参加选举。

这里就不再举例描述了，只说说其与期股的区别。

一是期股是现在就要出钱，买未来的股；期权是现在不用出钱，给一个未来可以出钱买股的权利。

二是期股是你必须要买，否则，根据约定，你现在投资的钱就不会退给你；而期权不同，你将来可以买也可以不买。当然，通常也会加上一些约束和激励的条件，因为条件是对等的，你可以买也可以不买，企业也就可以卖也可以不卖，大家把条件约定好了即可。

比如企业现在与张三签约，3 年以后可以以 3 元/股的价格购买公司 100 万股，前提是这 3 年要达到什么业绩，业绩可以是流量、用户数、营业收入、利润等，也可以是资产增值等。没达到这个条件，根据约定，3 年后张三就没有购买股价的权利了。

（二）阿米巴股权激励

阿米巴是一个独立核算的经营单元，并且形成金字塔结构，一个一级阿米巴包含多个二级阿米巴，一个二级阿米巴又包含多个三级阿米巴，以此类推。

1. 阿米巴股权激励的关键要点

（1）用于激励的股份来源于本巴。

我们很多时候容易把股权激励做成股权分配或股权买卖，没有激励的成分在里面。一方面，是在方案中没有将行权条件与激励对象的业绩承诺关联起来；另一方面，在激励对象行权购入股份之后，由于他的股份占比不大，所以他的个人业绩好坏对上市公司的股票价格的影响很难显现出来。就算不是上市公司，对公司利润的影响也不明显。

比如，研发总监通过产品合并、材料共用、生产工艺改造等方法，使得公司的产品成本全年算下来降低了500万元，但这是不是意味着公司利润增加了500万元呢？不一定，就算是增加了500万元的利润，研发总监的股份只占整个公司的0.2%，相当于我可以多得到1万元的收益，还不一定是现金分红，因为不太可能把当年的利润全部分完。这位研发总监的积极性在多大程度上能被激发出来呢？

研发总监好不容易降低了500万元成本，可是由于生产部门的错误，导致材料浪费、半成品和成品报废，结果损失了600万元。如果没有其他因素出现，公司今年肯定比上年的利润少了100万元。研发总监不但没有被激励，还可能承担损失。

而阿米巴股权激励就不一样了，研发总监的股份来自研发中心这个阿米巴，公司给你0.2%的股份，如果折算成研发中心的股份，那就可能是20%了。而且阿米巴是内部交易、独立核算的，这降本得来的500万元就是研发中心阿米巴的收益。还按刚才分红的算法，研发总监可以分到500×20%=100万元。激励效果大不大？

也许你会问，阿米巴又不是法人实体，只是一个虚拟的经济单元，哪来的股份呀？这里有两种情况：

1）虚拟股份。

虚拟股份主要是针对利润分红，不对资产具有表决权。这个很容易做到。每个部门在成立阿米巴之前都需要进行资产盘点，如果是轻资产的部门，可以按前 3 年平均利润作为测算总资产的依据。有了各个巴的资产或估值，再参照 9D 股权激励模型就可以确定每一位激励对象在本巴的股份了。也就是说，股份来源于本巴，与同一公司的其他巴没有关系。

等到有一天各巴的虚拟股份需要转为公司的实股时，反过来折算一下即可。比如前面那位研发中心总监持有研发中心巴的 20% 的股份，而研发中心的资产或估值又占整个公司的 10%，那么这次总监占公司的股份就是 20%×10%＝2%。

这是自下而上的做法。

2）注册实股。

由于阿米巴不一定都是工商登记注册的法人实体，若要实施注册股东的股权激励就只能采取自上而下的做法，具体操作方法与虚拟股份相反。

比如公司统一实行股权激励，你分得了整个公司 2% 的股份，但你是归属于研发中心巴的，研发中心巴又占公司总资产或估值的 10%，那么就相当于你占了研发中心巴 20% 的股份。但在股权激励协议中一定要明确，在不做资本变更或上市的前提下，你的股权收益只能来自于研发中心巴。

（2）个人股份分散在上下三级有关联的阿米巴中。

笔者在《人人成为经营者——中国式阿米巴实施指南》中特别强调过，由于阿米巴之间是内部交易、独立核算、自负盈亏，就可能导致巴长过于关注短期利益、局部利益、物质利益，从而可能会损害整个公司的长期利益、整体利益、精神利益。因此，笔者提出在实施阿米巴模式时一定要加强三大平衡，即长期利益与短期利益的平衡、局部利益与整体利益的平衡、物质利益与精神利益的平衡。

话虽然有道理，可是如何做到机制保证呢？靠大家的道德、觉悟是不行的，也不是长久的、普遍的。这种机制体现在多方面，笔者这里只介绍激励机制，其他方面大家可以详细阅读笔者所著的《人人成为经营者——中国式阿米巴实施指南》和《阿米巴核能》。

司马迁早在《史记》中就对人性做了精辟的分析，"天下熙熙，皆为利来；天下攘攘，皆为利往"。你要一个小巴长来关心整个公司的利益，且不说他想不想，关键是怎么关心？对他有什么好处？阿米巴股权激励就能解决这个问题，我们采用的是"阿米巴三级股份模型"。比如你是一个三级巴的巴长，按照前面的说法，你的股份来源于你所在的某个三级巴，那么其中一部分的股份要放到你的上级巴和上上级巴，即二级巴、一级巴里。具体操作方法详见"纵向激励"。

（3）阿米巴的股份可动态折算成公司的股份。

前面虚拟股份、注册实股都介绍了阿米巴的股份在某种条件下可以自下而上折算成公司的股份，也可以将持有公司的股份采取自上而下方式折算成你所在的阿米巴的股份。这个都比较好理解，操作也不难，难就难在"动态"二字。

张三、李四、王五是同一级别的三个销售区域经理，公司在进行股权激励时，大家都拿到了一样份额的股份期权，但是折算到各巴去，由于每个销售区域的资产或估值都不相等，因此每个人占各自所在区域巴的股份也就不同了。这是原始的公平。3年以后，每个区域的经营状况肯定会发生变化，从而导致每个区域巴的资产或估值相对初始时或增或减，或多增或少增。行权期到了，大家都需要有条件地购入当初承诺的股份配额，但是需要根据各区域巴现有的资产或估值来计算。如果你的区域增长较多，获得的就不止当初的股份配额，反之则少。具体操作方法详见"横向激励"。

2. 阿米巴股权激励与传统股权激励的区别

阿米巴的合伙制，或者叫阿米巴的股权激励，与传统的，平时讲到的、听到的传统股权激励，有什么样的区别呢？

来看一下这个案例，现在假设不同的部门、不同的职务、不同的职等，公司要做股权激励，或者是这个合伙制部门、合伙企业要做股权激励。

案 例

那我们先举这样一个例子，比如常务副总的职务等级比较高，接下来可能就是营销的副总，再下来是区域老总，再到省级经理。我们先拿营销这条线举例，把阿米巴与合伙制，或者阿米巴与股权激励关联在一起。

如何关联在一起呢？我们先看这个营销副总在公司的工龄5年，根据公司的股权激励计划，每年送1万股，所以就获得了5万股。然后公司规定，你要买90万股，给你期权 90 万股，这是给你的标配。你也可以少买，相应的期权也比较少。

再看这个华南销售区总经理，他进公司 3 年，所以送 3 万股。以他的职务等级，可以购买 80 万股，期权 80 万股，加起来等于 163 万股。

华南区下边的省级经理，负责广东的销售，他进公司 4 年，公司就送 4 万股。这个不是按照职务等级高低来算的，而是完全按照工龄来算的。

当然有的公司也可以按照职务等级高低，再乘以工龄来算。副总级别一年工龄就送 1 万股。比如，营销副总跟研发总工是同一个级别的，一年送 1 万股；总监一年送 8000 股；经理一年送 6000 股。以级别配送的股份份额再乘以工龄，也是一种计算方法。

现在营销副总是负责营销中心的，与他并列的有可能是做研发的高管、做生产的高管，或者整合供应链的高管，等等。营销中心直属于营销总部，它可能有市场、售后服务、客服部、商务部等职能部门。

营销中心分为若干个区，比如华南区、华东区、华中区、西南区，华南区下面又包括广东、广西等很多地方。

这个营销副总拥有公司赠送的股份，再加上这个现金购买的股份和期权的股份，一共是 185 万股。那 185 万股怎么处理呢？20% 留在总部，80% 放在营销中心。80% 放在营销中心的股份值不值钱，就看你这个"巴"

所做的努力了。185万股的20%就是37万股，37万股放在总部，所占的总部的比例也许是5%。

为什么要把他一部分股份，放到他能够掌控的营销中心，还要把20%的股份放到他未必能掌控得了的总公司呢？

我们在做"阿米巴＋合伙制"的时候，有三个平衡，只有做好了三个平衡，阿米巴你才能做好，如图5-7所示。

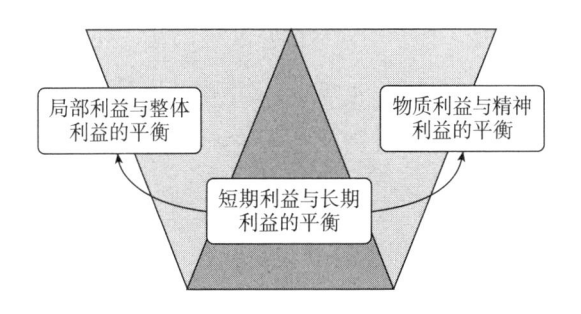

图5-7 "阿米巴＋合伙制"的三个平衡

哪三个平衡呢？第一，局部利益与整体利益的平衡。第二，短期利益与长期利益的平衡。第三，物质利益与精神利益的平衡。

我们划分阿米巴以后，很多人就会说，他以后只关心本巴的利益，不关心整个公司的利益，那怎么办呢？如果没有一种机制来保证，仅凭企业文化的浸润、经营哲学的渲染来提升他的思想境界，这个成效其实是很有限的。

因此，我们应该通过一种机制固化下来。假如这个营销副总没有把20%的股份留在公司，而是100%都放在营销中心，那么你可以想象，就有可能营销计划做得不好，一会儿因为订单太多让生产部加班，一会儿没有订单做，而且该拼的订单就不拼，导致小订单、多批量，毫无疑问会增加制造成本。

那从制造阿米巴卖给销售阿米巴，价格就这么约定的，最后有可能导致你的营销阿米巴盈利了，而我的制造阿米巴亏损了，甚至最后导致整个公司不盈利，甚至是亏损。

接下来也是一样，华南区的总经理，他一共有163万股，那么我们分为三级处理。80%放在华南区；华南区是公司里面的二级阿米巴，一级阿米巴是它的顶头上司营销中心，15%放在整个营销中心，因为跟华南区并列的还有华东区、西南区、西北区等。你关心本巴的收益，这是没错的。如果华南区做得好，但是西南区做得不好，那你这15%的股份收益一定会受到影响，这个时候我们也会考虑到，局部利益与短期利益的平衡。

我做得好，就是其他区没做好，导致我的这个15%的股份不值钱了。反过来问自己，我有没有办法能够帮他们做好？如果每一个巴都像我华南区做得这么好，那么我那15%的股份也就值钱了。所以，这是局部与整体的平衡。

那为什么还要放5%在总公司呢？我们一般强调放三级。有没有必要放四级呢？广东经理的144万股，我们就不放到总公司，而放到一级阿米巴。一级阿米巴就是营销中心，二级阿米巴就是华南区,三级阿米巴就是广东省,所以我们认为三级就差不多了。

有的公司连工人的绩效工资都要和企业的利润达成率形成一个系数,这个其实说起来好听,但激励效果有限。共进退吧,公司多一点你就多一点,公司少一点你就少一点,其实起不到太多的激励作用。你多分给他,工人肯定很开心;因为你公司的业绩没做好,他比上个月少拿一块钱,他都有意见。他会说,事实上我比上个月做得更辛苦,我领到的钱比上个月还少,其他人做得好不好,关我什么事?他之所以产生这种想法,就是因为他关联得太远了。

当然,对于部门经理这种级别,我们可以关联一下,但没必要连一个清洁工阿姨的绩效工资还跟企业的这个目标达成一定关联,这个作用是不大的,所以我们只关联到三级。

假如我们的合伙企业也是一级、二级的呢?我们先注册一个合伙企业,这就叫总公司。那合伙企业下面又分级:你这个合伙人负责营销部门,那营销部门成为一个独立的阿米巴;另外一个合伙人负责生产部门,生产内部就是一个阿米巴。我们上面是一个合伙企业,可以把上面的级别统称为总公司。

这样就能够让每一个人的股份有所关联,而且,让他去关注他有关联的工作对象,这是上下级关系,所以称之为纵向激励。

那横向激励呢?因为我们有横向的裂变。比如说我们5个人注册一个合伙企业,或者我们是一个独立核算的阿米巴,这个阿米巴是采用合伙的模式建立起来的。那这个阿米巴要延伸出去，再产生一个子阿米巴。

这个股份怎么处理呢？举个例子，我们是华南区的销售区，但是西北区目前是空白的，因此，我们华南区就想进占西北区。西北区如果变成你的下属子公司，或者叫子区，那么100%就由华南区去做投资。比如，这个西北区要招多少个业务员，要投放多少广告费用，都从华南区里面支出，相当于华南区就占了西北区100%的股份。

但是，你为了鼓励西北区的业绩，又会留一部分股份，分给西北区的核心团队。华南区就占西北区股份的80%，20%还是给在西北区的工作人员，这样你就能够鼓励他不断地裂变。

当然横向也是一样的道理。公司说要我们华南区派人到西北区去做市场开发，公司占一部分股份，华南区占一部分股份，留一部分股份给西北区的核心人员。

作为一个独立核算的阿米巴，而且这个阿米巴采用合伙制的方式来完成，大家该出钱的出钱，该出力的出力，折算一下，这个西北区每个人占多少股份。所以，这个激励机制对于我们的合伙企业来说，对于阿米巴来说，是非常灵活机动的。

3. 纵向激励和横向激励

阿米巴经营模式可以不断地分裂或合并，分裂与合并的方向有两个：一个是阿米巴横向裂变或合并；另一个是阿米巴纵向裂变或合并。如图5-8所示。

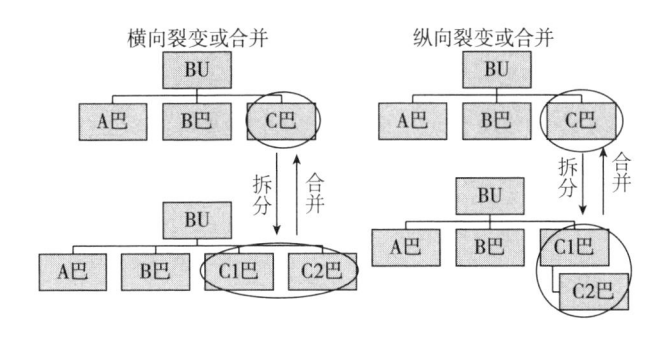

图5-8 阿米巴经营模式的分裂与合并

我带了一支团队，再裂变出另外一支团队，就变成两个团队了。比如以前一个营销经理在管整个北京片区的业务，一共有8个业务员，做了1亿元的销售额。根据公司规定，做到1亿元的规模，就鼓励裂变了。要把一支营销团队一分为二，8个业务员就各分4个，以前的营销经理带4个，另外4个产生一个新的领导，再补充一个业务员，这就叫裂变。

从概率上来讲，把北京的营销团队一分为二去做营销，应该比原来一个团队去做营销的增长速度更快。因为大家努力的空间不一样，积极性也就不一样了，还有精耕细作的条件也不一样。这是阿米巴的横向裂变或合并。

还有一种是纵向的裂变，就是上下级关系的裂变。比如北京的营销业务还是这个营销经理在管，下面的8个业务员以前都是他直管，现在把8个业务员分成两队，每队4个人，一个团队就是一个阿米巴。每个团队中产生一个领导，两个团队还是归这个营销经理管,裂变出来的新阿米巴与原来的阿米巴是上下级关系,这就是纵向的裂变。横向的裂变是把原来的营销团队一分为二,原来的领导只管一个团队,另外一个团队给新的领导管,它们两个是并列关系。

我们要鼓励阿米巴去做裂变或组合,现在成立阿米巴如果将来做大了,还可以裂变延伸二级阿米巴、三级阿米巴。

(1)纵向激励。

阿米巴可以纵向裂变或组合。在进行阿米巴股权激励时,也要分两种情况:未裂变和组合时,有裂变和组合时。

1)阿米巴未裂变和组合时。

当阿米巴组织体系处于静态的时候,也就是阿米巴的个数、级数都没有变化,没有出现把某个二级阿米巴调到另一个一级阿米巴的旗下时,"阿米巴三级股权激励模型"操作分为五步:

第一步,确定每位激励对象在总公司的股份配额(T)。

第二步,确定垂直三个等级的阿米巴分别占股份配额(T)的比例(X_1、X_2、X_3)。

第三步,确定激励对象分别在三个等级阿米巴里的股份配额($T_1-3 = T \times X_1-3$)。

第四步,确定各巴的净资产或估值(G_1、G_2、G_3)。

第五步,确定激励对象分别在三个等级阿米巴里的股份占比($Y_1-3 = T_1-3 \div G_1-3 \times 100\%$)。

下面详细介绍这五步的思考要点与操作细节。

①确定每位激励对象在总公司的股份配额（T）。

股份配额的方法请参考"9D股权激励模型"，在此就不再详述了。总之，通过技术手段得出以下人员可以获得公司股份期权的配额结果（局部），如表5-7所示。

表5-7 激励对象在总公司的股份配额（T）

组织类型	职务或巴名	姓名	赠予股份		现金购买		期权		公司配股总数A（万股）
			工龄（年）	配股（1万股/年）	职等	根据职等配股	期权与职等1:1	
公司总部	常务副总裁	周××	7	7	一	100	100	207
营销系统	营销副总裁	吴××	5	5	二	90	90	185
	华南销售区	钱××	3	3	三	80	80	163
	广东省销售区	李××	4	4	四	70	70	144
生产系统	生产副总裁	王××	4	4	三	80	80	164
	制造部经理	刘××	6	6	四	70	70	146
	零件车间主任	陈××	4	4	五	46	46	96

其中，营销副总裁吴××、华南销售区总经理钱××、广东省销售经理李××是纵向垂直的管理关系。

②确定三个垂直等级的阿米巴分别占股份配额（T）的比例（X_1、X_2、X_3）。

前面我们介绍了实施阿米巴模式的"三大平衡"，其中一个是局部利益与整体利益的平衡。你怎么在机制上保证营销副总裁吴××会主动关心营销系统以外的各巴的利益及整个公司的利益呢？因为阿米巴模式是内部定价交易、独立核算的，似乎在引导各巴长只关心自己，只关心短期利益，为什么这样说呢？我们先看看阿米巴模式的几个要点：

定价交易：生产中心的每一个产品都是通过定价卖给营销中心的，如果生产中心浪费了材料，报废了半成品、成品，即生产中心增加了成本，但卖给营销中心的价格是不变的。

独立核算：营销中心的核算公式是"销售收入－商品成本－营销费用－税金－其他相关费用＝销售利润"，而商品成本是与生产中心事先就定好了的。因此，生产中心成本的增加是不会影响营销中心的利润的。

从以上两点来看，如果你硬要把营销副总裁的股份分一部分给总公司，或者分一部分给生产中心，似乎有点牵强，分出去的那部分股份的收益与吴××的主观努力没有关系。

怎么让吴××接受"三级股权激励模式"，同意把自己一部分的股份放在总公司或生产中心呢？我们的目的是让吴××除了关心本巴利益，还要关心整个公司的利益，这样就可以预防或减少他为了有利于营销系统巴而做出有损于整个公司的事情。我们给出的理由如下：

A. 大河里没水小河里干。

如果只有营销中心盈利1000万元，而采购中心、研发中心、生产中心、物流中心等都亏本，而且加起来亏本了1200万元，那就意味着整个公司亏损了200万元。也就是说，整个公司都处于难以维持的危险境地，你拿资金、拿本巴的股份分红还能拿多久？我们并不是要搞平均主义，是允许一部分人先富裕起来，个别中心亏损或者没有达到利润指标，他们拿不到奖金、拿不到股份分红是有可能的，但首先得保证公司的存续、公司的安全。

B. 一条绳子上的蚂蚱。

营销中心之所以能够盈利，主要原因也是营销4P做得好，但是不要忘记，4P中的产品（Product）、价格（Price）就是公司的各个中心、各个部门共同作用的结果，营销中心最多在渠道（Place）、宣传（Promotion）上相对独立完成工作。研发中心没有好的产品，营销中心能把黄土卖成黄金吗？采购、制造的成本高了，无论怎么内部定价，最终也是要转移到产品上的。这样一来，销售毛利就低了。如果想保持内部产品没涨价之前的毛利率，即售价也涨，就势必会增加渠道、宣传上的费用，或者竞争压力大大增加，甚至也完成不了销售任务，达不到营销中心的利润目标。

所以，营销中心能够盈利，是不是也有研发中心、生产中心、采购中心等兄弟部门的一份贡献？

C. 不要把鸡蛋放在一个篮子里。

生产中心报废了那么多半成品、成品也只是偶然的，只要保持在正常损耗比例范围，及时完成交货，他们的盈利还是比较稳定的，风险不大。因为在内部交易定价时，这个定价是包含了一个正常损耗比例的。营销中心虽然有时候盈利较多，但风险也大。谁敢保证广告做得越多，产品售价就一定越高？谁敢保证让利给代理商越多，销量就一定越大？万一营销中心亏损而整体公司有盈利呢？人家的奖金、分红那么多，你却口袋空空，你还能不能保持斗志就难说了。就算你还有斗志,你的团队成员呢?

吴××同意了老板的观点,但他还问了两个问题:一是跨越的级数:要跨多少级?是不是每位激励对象的股份都要放一部分在总公司?二是各级的比例:我的股份配额总数中,总公司放多少?我所在的阿米巴放多少?

这正是我们设计方案要考虑的事,如图5-9所示。

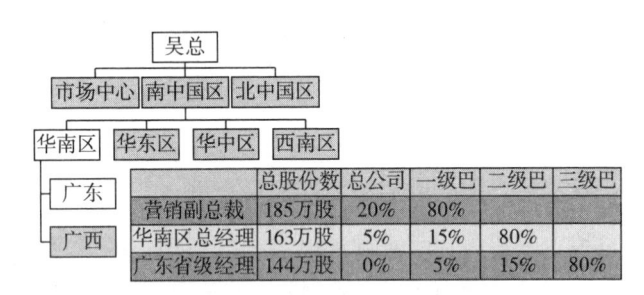

	总股份数	总公司	一级巴	二级巴	三级巴
营销副总裁	185万股	20%	80%		
华南区总经理	163万股	5%	15%	80%	
广东省级经理	144万股	0%	5%	15%	80%

图5-9 营销系统三级股权激励各级比例

第一,跨越的级数。

根据笔者多年的咨询经验、若干咨询案例,股份的分配最多跨越三级。也就是从你所在的巴算起,往上数三个行政级别,并且是直系的。

假设你是广东省级销售经理,那么往上数三级阿米巴组织垂直关系就是:广东省巴→华南区巴→营销中心巴,再往上就是总公司了,不需要。

假设你是华南区总经理,那么往上数三级阿米巴组织垂直关系就是:华南区巴→营销中心巴→总公司。

假设你是营销中心副总裁,那么往上数就只有两级了:

营销中心巴→总公司，不需要硬造一个三级阿米巴。

总有人问为什么只是三级而不是四级或者两级阿米巴？因为经验值告诉我们，大多数人最多只能关注到往上三级的关系。你想想看，广东省销售经理都是属地招聘的，一年到头都难得回总公司一次，能接触到的最大的领导是营销副总裁，最多是在几百人参加的年会宴席上远远地望见过老板，那样能产生多深的感情，更别说研发副总裁、生产副总裁了。

第二，各级阿米巴的比例。

确定三级关系之后，就要将你的总股份按一定的比例配置给每个级别。分别配置多少才好呢？这也是个经验值，但笔者会把形成经验值的思维逻辑告诉读者，这样就等于不仅给了读者一条鱼，还给了捕鱼的工具与方法。

逻辑：原则上，你所在巴的业绩优劣与上级、同级的相互关联、相互影响越深，你放出去的比例就越大；反之则反是。

广东省销售业绩好不好与他的顶头上级华南区的相互关联、相互影响深不深？我们对一件事进行是非、优劣判断时，通常有两种方法：一种是标尺对照法（标杆法）；另一种是强迫分布法（对比法）。如果从标尺上无法得出上述问题的答案，就只能提出一个对比的事例才能判断。假如某五金生产车间分为裁断、焊接、打磨、喷涂四个工段，它们之间是工序的上下游关系。对比广东与广西的兄弟关系、广东与华南的子母关系而言，裁断与焊接、打磨的兄弟关系，裁断与车间主任的子母关系，后者之间的相互关联、相互影响要深得多。

方法：先假设你获得的股份配额是100%，三级股份比例分配参考如表5-8所示。

表5-8　经营关系深浅与三级巴的股份占比　　单位:%

	本巴 X_1	上级 X_2	上上级 X_3	合计
与本巴经营关联较浅的关系	80	15	5	100
与本巴经营关联较深的关系	60	30	10	100

在表5-7的基础上，根据表5-8规定的数据，就可以延伸出表5-9（阴影部分为新增）。

③确定激励对象分别在三个等级阿米巴里的股份配额（$T_1 - 3 = T \times X_1 - 3$）。

大多数公司在实施阿米巴三级股权激励时，一般会采用自上而下的做法，这样比较容易达成初始化时期的公平，因为每个人的股份配额都是参照公司总股本数这同一基数的，这样也方便把握股权激励对象之间的横向对比、纵向对比的公平性。根据表5-9的数据，我们可以直接计算出每一位激励对象在本巴、上级巴、上上级巴的具体配股数（阴影部分为新增），如表5-10所示。

三个级别每巴的具体配股数量 = 公司配股总数 ×
分配到各级巴的占比

表 5-9 垂直三个级别的阿米巴分别占个人总配股的比例

组织类型	职务或巴名	姓名	赠予股份 工龄(年)	赠予股份 配股(1万股/年)	现金购买 职等	现金购买 根据职等配股	期权 期权与职等1:1	公司配股总数A(万股)	本巴 本巴名称	本巴 占总配股C=规定(%)	上级巴 上级巴名称	上级巴 占总配股E=规定(%)	上上级 上上级巴名称	上上级 占总配股H=规定(%)
公司总部	常务副总裁	周××	7	7	一	100	100	207	公司	100.00	无	0	无	0
营销系统	营销副总裁	吴××	5	5	二	90	90	185	营销中心	80.00	公司	20.00	无	0
营销系统	华南销售区	钱××	3	3	三	80	80	163	华南区	80.00	营销中心	15.00	公司	5.00
营销系统	广东省销售区	李××	4	4	四	70	70	144	广东省	80.00	华南区	15.00	营销中心	5.00
生产系统	生产副总裁	王××	4	4	三	80	80	164	生产中心	80.00	公司	20.00	无	0
生产系统	制造部经理	刘××	6	6	四	70	70	146	制造部	60.00	生产中心	30.00	公司	10.00
生产系统	零件车间主任	陈××	4	4	五	46	46	96	零件车间	60.00	制造部	30.00	生产中心	10.00

表 5-10　激励对象分配在垂直三个级别的阿米巴的具体股数

组织类型	职务或名	姓名	赠予股份 工龄(年)	赠予股份 配股(1万股/年)	现金购买 职等	现金购买 根据职等配股	期权 期权:职等1:1	公司配股总数 A (万股)	本巴 本巴名称	本巴 占总配股 C=规定(%)	本巴 股数 D=A×C	上级巴 上级巴名称	上级巴 占总配股 E=规定(%)	上级巴 股数 F=A×E	上上级巴 上上级巴名称	上上级巴 占总配股 H=规定(%)	上上级巴 股数 I=A×H
公司总部	常务副总裁	周××	7	7	一	100	100	207	公司	100.00	207	无	0	0	无	0	0
营销系统	营销副总裁	吴××	5	5	二	90	90	185	营销中心	80.00	148	公司	20.00	37	无	0	0
营销系统	华南销售区	钱××	3	3	三	80	80	163	华南区	80.00	130	营销中心	15.00	24	公司	5.00	8
营销系统	广东省销售区	李××	4	4	四	70	70	144	广东省	80.00	115	华南区	15.00	22	营销中心	5.00	7
生产系统	生产副总裁	王××	4	4	三	80	80	164	生产中心	80.00	131	公司	20.00	33	无	0	0
生产系统	制造部经理	刘××	6	6	四	70	70	146	制造部	60.00	88	生产中心	30.00	44	公司	10.00	15
生产系统	零件车间主任	陈××	4	4	五	46	46	96	零件车间	60.00	58	制造部	30.00	29	生产中心	10.00	10

从表 5-10 中可以看出，公司配股总数相等的两个人，如果不是同一系统的同事，他们各自留在本巴的股份、放在上级巴的股份也是不同的。比如广东省销售区的李××、制造部经理刘××，他们在公司层面的配股总数都是 140 万股（工龄赠予股份除外），但李××留在广东巴的股份是 115 万股，而刘××留在制造巴的股份则是 88 万股。

④确定各巴的净资产或估值（G_1、G_2、G_3）。

因为要把激励对象持有总公司的股份按一定比例分别计入三级阿米巴，就需要知道每个阿米巴的净资产或估值。净资产一看报表就知道了，对公司估值的方法前面已经介绍，对一个阿米巴的估值方法也是一样的，就不再详述了，在表 5-10 的基础上直接延伸得出表 5-11（阴影部分为新增）。

⑤确定激励对象分别在三个等级阿米巴里的股份占比（$Y_1-3 = T_1-3 \div G_1-3 \times 100\%$）。

张三、李四在总公司得到股权激励配股总数相等的 $Z_1 = Z_2$ 股，且他们是同一系统的两个同事，他们留在总部的股数是一样多的 $X_1 = X_2$ 股，剩下的都配置在自己所在的巴股数（假设这两个激励对象只有分两级持股）也是 $Y_1 = Y_2$ 股。但由于张三、李四所在巴的资产或估值不同 $T_1 \neq T_2$，所以 $Y_1/T_1 \neq Y_2/T_2$。也就是说，张三、李四虽然分别在自己的巴中所持有股数是相等的，但他们所占的股份比例是不同的。根据这个原理，我们在表 5-11 的基础上就很容易算出激励对象分别在三级阿米巴里的股份占比（阴影部分为新增），如表 5-12 所示。

表 5-11 各巴净资产或估值

组织类型	职务或巴名	姓名	赠予股份 工龄(年)	赠予股份 配股(1万股/年)	现金购买 职等	现金购买 根据职等配股	期权 期权:职等1:1	公司配股总数A(万股)	所在巴估值B	本巴 本巴名称	本巴 占总配股C=规定(%)	本巴 股数D=A×C	上级巴 上级巴名称	上级巴 占总配股E=规定(%)	上级巴 股数F=A×E	上上级巴 上上级巴名称	上上级巴 占总配股H=规定(%)	上上级巴 股数I=A×H
公司总部	常务副总裁	周××	7	7	一	100	100	207	10350	公司	100.00	207	无	0	0	无	0	0
营销系统	营销副总裁	吴××	5	5	二	90	90	185	5417	营销中心	80.00	148	公司	20.00	37	无	0	0
	华南销售区	钱××	3	3	三	80	80	163	1925	华南区	80.00	130	营销中心	15.00	24	公司	5.00	8
	广东省销售区	李××	4	4	四	70	70	144	1117	广东省	80.00	115	华南区	15.00	22	营销中心	5.00	7
生产系统	生产副总裁	王××	4	4	三	80	80	164	2898	生产中心	80.00	131	公司	20.00	33	无	0	0
	制造部经理	刘××	6	6	四	70	70	146	1768	制造部	60.00	88	生产中心	30.00	44	公司	10.00	15
	零件车间主任	陈××	4	4	五	46	46	96	603	零件车间	60.00	58	制造部	30.00	29	生产中心	10.00	10

表 5-12 三级阿米巴股权激励数据表

组织类型	职务巴名	姓名	工龄(年)	赠予股份 配股 1万股/年	现金购买 职等 根据职等配股	期权 期权职等1:1	公司配股总数A（万股）	所在巴估值B	本巴名称	本巴S₀ 占总配股C=规定（%）	股数 D=A×C	占本巴股份 E=D/B（%）	上级巴名称	上级巴S₁ 占总配股E=规定（%）	股数 F=A×E	占本巴股份 G=F/S₁估值（%）	上上级巴名称	上上级巴S₂ 占总配股H=规定（%）	股数 I=A×H	占本巴股份 J=I/S₂估值（%）	还原验算 公司配股额K=A+I+F+I
公司总部	常务副巴总裁	周××	7	7	一 100	100	207	10350	公司中心	100.00	207	2.00	无	0	0	0	无	0	0	0	207
营销系统	营销副总裁	吴××	5	5	二 90	90	185	5417	营销中心	80.00	148	2.73	公司	20.00	37	0.36	无	0	0	0	185
	华南销售区	钱××	3	3	三 80	80	163	1925	华南区	80.00	130	6.77	营销中心	15.00	24	0.45	公司	5.00	8	0.08	163
	广东省销售区	李××	4	4	四 70	70	144	1117	广东省	80.00	115	10.31	华南区	15.00	22	1.12	营销中心	5.00	7	0.13	144
生产系统	生产副总裁	王××	4	4	三 80	80	164	2898	生产中心	80.00	131	4.53	公司	20.00	33	0.32	无	0	0	0	164
	制造部经理	刘××	6	6	四 70	70	146	1768	制造部	60.00	88	4.95	生产中心	30.00	44	1.51	公司	10.00	15	0.14	146
	零件车间主任	陈××	4	4	五 46	46	96	603	零件车间	60.00	58	9.55	制造部	30.00	29	1.63	生产中心	10.00	10	0.33	96

2）阿米巴有裂变和组合时。

阿米巴纵向裂变就是一代一代往下延伸，产生新的阿米巴，并且总体趋势上，下一代阿米巴的数量会多于上一代，这也是阿米巴经营模式能够使企业做大、做久的根本原因之一，这有点像家谱世系图（当然家谱世系是不可组合逆转的），如图5-10所示。

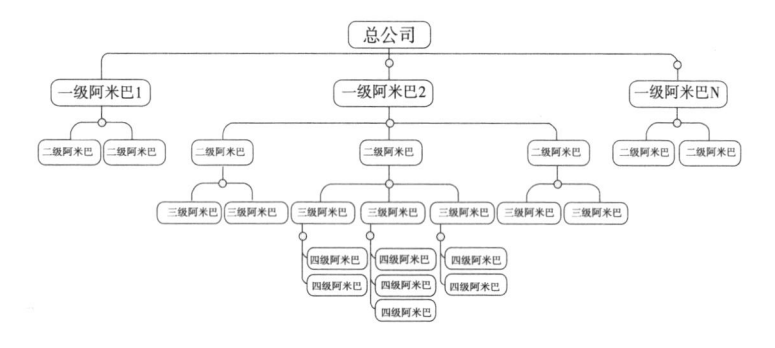

```
                           总公司
         ┌──────────────────┼──────────────────┐
    一级阿米巴1          一级阿米巴2          一级阿米巴N
    ┌────┴────┐     ┌───────┼───────┐      ┌────┴────┐
  二级     二级   二级    二级    二级    二级     二级
  阿米巴   阿米巴 阿米巴  阿米巴  阿米巴  阿米巴   阿米巴
                    │   ┌───┴───┐   │
                  三级 三级    三级  三级  三级
                  阿米巴阿米巴  阿米巴阿米巴阿米巴
                         │  ┌──┼──┐
                       四级 四级 四级
                       阿米巴阿米巴阿米巴
                       四级 四级 四级
                       阿米巴阿米巴阿米巴
                       四级
                       阿米巴
```

图 5-10 阿米巴纵向裂变

公司如果有条件，当然是鼓励各级阿米巴不断延伸、裂变。如何鼓励他们这么做呢？具体方式、方法详见笔者所著的《人人成为经营者——中国式阿米巴实施指南》《阿米巴核能》，这里主要介绍延伸、裂变时的股权激励。传统的管理思想是"你先好好做，我不会亏待你的"，现代管理思想则是"你先把不会亏待我的规则明确下来，我一定会好好做"。

阿米巴延伸、裂变时，对原巴长、新巴长及核心人员的激励方式有三种。

第一种，均由总公司控股。

如图 5-11 所示，每延伸、裂变一级新的阿米巴，该阿米巴的合伙人都由三个级别组成，分别是总公司、上级巴和本巴核心团队，而且股份比例也一致规定，即新延伸、裂变出去的阿米巴巴长和核心人员占本巴股份的 20%、上级巴占10%、总公司占 70%。不管延伸、裂变多少级，股权激励永远只激励到"父辈"，"祖辈"就不享有"孙辈"的股份。但阿米巴经营报表是一级一级往上合并的，如果"孙辈"做得好，"祖辈"也是有成果的。

◆总公司直接控股每级阿米巴
◆各级新巴的合伙人＝总公司＋上级巴＋本巴核心团队

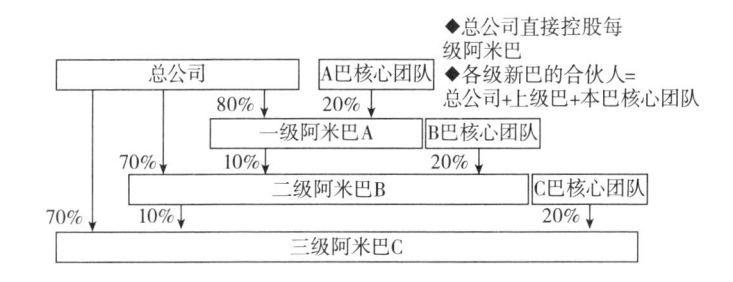

```
总公司                A巴核心团队
   │80%↓              ↓20%
   │        一级阿米巴A      B巴核心团队
   │70%↓      │10%↓         ↓20%
   │              二级阿米巴B        C巴核心团队
   │70%↓         │10%↓               ↓20%
   │                    三级阿米巴C
```

图 5-11　总公司控股法

A. 该方法适用的企业或行业的特点：

a. 必须由总公司加强管控的，一般过于放松，就可能导致产品和服务质量出现不良，甚至商誉受损。属于集团管控模式中"操作管控"的类型。比如麦当劳，总公司对商标、原材料、辅料、加工工艺等都是有严格限制的。

b. 在日常经营、管理、操作过程中，可复制性、标准化程度较高，下级阿米巴不需要太多的自由、创新。如来料加工企业、OEM代工厂等，试想一下，品牌企业将生产加工发包给你，肯定要验厂，如果你又发包给丙方，丙方甚至发包给丁方，质量还可信吗？

c. 市场竞争不算激烈，最多是"数量"级的竞争，即竞争的手段、方式也都属于普遍性、常规性的，并不需要各个下级阿米巴根据复杂的竞争情况而自主策划。比如很多品牌公司的直营连锁店就属于这种类型，不想失去流通领域的利润，更重要的是担心加盟店卖假货。

B. 该方法的优点：

管控较严，公司的安全系数较高，包括资产的安全、经营的安全，甚至对于员工抱团辞职创业的同行也能起到一定的预防作用。

C. 该方法的不足：

a. 上面B点讲了安全系数较高，那是从自上而下的角度来看，反过来，自下而上就不安全了，因为任何一个子公司、孙公司都由总公司控股，如果下面发生重大错误，就会追责到总公司，由总公司来承担。没有防火墙，这也是很危险的。

b. 由于管控权收归总公司，削弱了中间层的力量，当总公司的管理能力不足以支撑因为扁平化后而显得庞大的组织时，一旦决策错误、出现重大闪失，很容易土崩瓦解。

c. 因为决策权都在总公司，下面的灵活性就差了，虽然适用这种方法的行业特点就是竞争方式比较简单（如降价），但有时候也需要因地制宜采取一些特殊的政策。

第二种，均由上级阿米巴控股。

如图 5-12 所示，新延伸、裂变出去的阿米巴巴长和核心人员占本巴股份的 20%，这一点与上面那种做法、配股是一致的，但它均由"父辈"控股 80%，毕竟只有鼓励"父辈"才能延伸出下一代。当然也可以从"父辈"的股份中分出一部分给"祖辈"，比如父辈占 60%、祖辈占 20%。

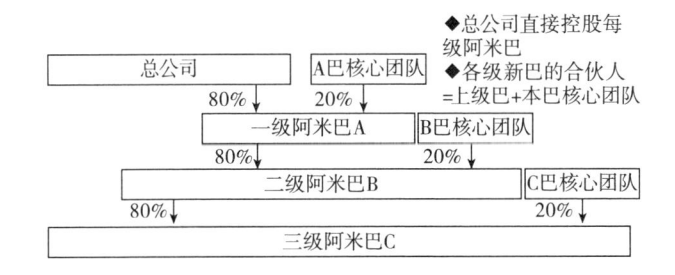

```
                                    ◆总公司直接控股每
                                      级阿米巴
  ┌─────────┐  ┌──────────┐      ◆各级新巴的合伙人
  │  总公司  │  │A巴核心团队│       =上级巴+本核心团队
  └────┬────┘  └─────┬────┘
    80%↓         20%↓
       ┌──────────────┐  ┌──────────┐
       │  一级阿米巴A  │  │B巴核心团队│
       └──────┬───────┘  └─────┬────┘
          80%↓              20%↓
              ┌──────────────┐  ┌──────────┐
              │  二级阿米巴B  │  │C巴核心团队│
              └──────┬───────┘  └─────┬────┘
                 80%↓              20%↓
                     ┌────────────────────┐
                     │    三级阿米巴C      │
                     └────────────────────┘
```

图 5-12　上级巴控股法

该方法适用的企业或行业具有什么特点？该方法具有哪些优点？具有哪些不足？对照第一种方法，反过来就差不多了，不再多做描述。

第三种，动态激励。

我们在做咨询项目时，往往还会加上一个时间维度，形成动态激励。比如第一种、第二种方法，都是新伸延、裂变的阿米巴巴长及核心人员占本巴股份的 20%，这是指刚刚成立新巴的时候的激励措施。随着时间的推移，如果新巴经营得非常好，是可以提高这个比例的。最多可以提高到什么程度呢？没有标准答案，主要考虑以下几点（见图 5-13）：

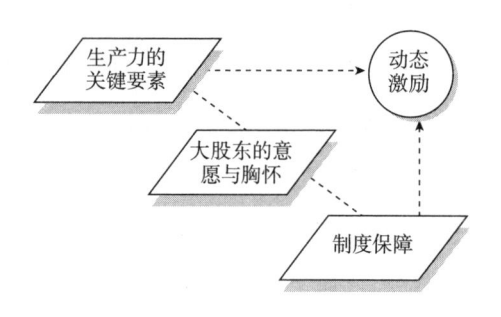

图 5-13　动态激励的三个要素

A. 生产力的关键要素。

我们可以引用马克思《资本论》的观点，即决定生产力的三大要素分别为劳动力（人）、劳动资料（工具）、劳动对象（材料与产品）。不同的行业、企业，对于三者的权重是有很大区别的。

劳动力：很多轻资产行业，如互联网行业、咨询培训行业、广告策划行业、经纪中介行业等，主要依赖人的智力。很多时候，企业中的张三、李四都是具有不可替代性的，而这类企业一旦启动后进入经营的正轨，资本的价值变更几乎微乎其微，给员工的股份比例为20%~80%。

劳动资料、劳动对象：在所谓的重资产行业里，资本、社会关系的权重相对轻资产行业增加了，那么劳动力（人）的权重自然就减少了。比如在"双轨制经济"时代，谁能拿到政府批文（社会关系），谁就能快速发展；曾经的房地产行业，谁能拿到土地（资本＋社会关系），谁就能快速发展。

而重要的社会关系的缔结，往往只有老板等一两个人才能搞定，给员工那么多股份有什么价值？通常经管团队的股份加起来也不会超过 10%。

B. 大股东的意愿与胸怀。

股份的让渡也跟大股东的意愿与胸怀有关，有的是主动愿意的，有的是被动选择的，笔者从事管理咨询 20 多年，经常会遇到这样的案例。

主动愿意的：有的老板想，我的投资回报已经很多了，经营企业的内动力已经不再是追求财富、名誉，而是一种责任。尤其是跟着我打拼多年的员工，他们还年轻，个人和家庭也都需要增加收入，甚至也要考虑给他们安排好有安全稳定经济收入的退休生活。事实上，这些年的利润主要是靠他们努力创造出来的，就多让一点股份吧。

被动选择的：老板年纪大了，精力有限，或者厌倦了商海生活；小孩学历高，甚至从海外留学回来，他们不愿意继续从事上一代的传统产业，有自己的追求和想要的生活。而上市公司毕竟数量有限，因此又不能让资产进入资本市场。眼见后继无人，总不能就这么关闭或让企业衰退下去吧？与其如此，还不如多给优秀员工一些股份，让他们一心一意把企业的大旗扛下去，否则也有可能导致人才流失，就多让一点股份吧。

C. 制度保障。

不管是出于哪种原因，大股东不断让渡股份给核心经营团队，都必须通过机制、制度来保障，否则就容易"赔了夫人又折兵"。通常要注意几个关键点：

a. 有条件的让渡。

股份让渡是必须设置条件的，不能让激励对象有"天上掉馅饼"的感觉，这样就很难起到激励作用。笔者在《9D股权激励模型》中详细介绍了很多做法，这里就简单说说两个条件：时间、业绩。

时间：不要一次性让渡太多，分成若干年慢慢让渡。

业绩：激励对象必须达到什么业绩条件，才能行权获得用于激励的股份。

b. 让股不一定让权。

前面已经介绍过，股份是指多少，股权是指大小。公司章程、股东协议、合伙人机制等，如果没有另行规定，那么一般情况下股份多少是与股权大小成正比的。本书讲述的合伙企业或合伙人机制，合伙人之间具有更高的自由约定的权力。

刚开始时，大股东可以逐渐增大核心经营团队的分红比例，但不一定需要做股权变更。当然，这也是通过制度明确下来的，不可以是大股东心血来潮的口头承诺。

就算是到后来经营团队的股份已经超过50%（相对控股）甚至超过67%（绝对控股），但是在重大事项表决权上，原来的大股东可以具有一票否决的权力，即"毒丸计划"。这要在合伙人协议中写清楚，动用"一票否决"权力的事项也要列个清单，否则原有大股东动不动就"一票否决"，那么经营团队该怎么做？

（2）横向激励。

前面已经介绍了纵向激励，主要是往下延伸，他们的关系就像是俄罗斯套娃，小娃总在大娃范围内。而横向激励则是并列关系的两者或多者进行比较后的激励，也是一种动态激励。这让我想起了一个故事，刚好可以解释"横向动态激励"的核心内容。

某个富翁有三个儿子，本想把家产一分为三让他们继承的，可是富翁想，如果某个儿子经营不善，那么分再多的家产给他也是会被败光的，那就不是"1＋1＋1＞3"了。不行，得给懂得经营的儿子多分一点，反之就少分一点。于是，富翁就把三个儿子找来，把他的观点向三个儿子说清楚，三个儿子也都认同。具体方法就是：每个儿子都从富翁那里拿到同样多的钱，自己去经营，3年以后看谁赚的钱多，再按赚钱的比例来分配家产。比如老大赚了100万元，老二赚了200万元，老三赚了300万元，那么老大就分1/6的家产，老二就分1/3的家产，老三就分1/2的家产。

所以，动态横向激励模式的核心内容可以归纳为以下几个要点：

1）赛马机制——同一起点。

股权激励初始化时，为了公平起见，我们往往根据三个要素来给每位激励对象配额一定数量的股份：工龄（过去）、岗位价值或职务等级（现在）、与绩效目标关联的期权（未来）。这样一来，大家的起点应该算是比较公平的。

2）续动态——不吃老本。

①工龄的差异。

这是永远无法弥补的，大家都是同步位移，你比弟弟大5岁，就永远是大5岁的。所以，入职早的在这方面永远比入职晚的人股份配额要多，在时间面前，大家都没意见。

②职务的高低。

这是动态的，现在张三是经理级，李四是主管级，张三比李四高，但两三年以后就不一定了，只要李四不是张三的直辖部属，也就是不在同一部门、同一系统，那么李四的职务等级高于张三是完全有可能的。这时，如果张三在职务配股上比李四多，就显得不太公平了。

③业绩的好坏。

这也是动态的，无论是对激励对象个人还是他所在的阿米巴，都更能体现差异。前面我们介绍过了"三级阿米巴股权激励模式"，每个激励对象都是各自所在阿米巴的巴长或核心成员，对于所持本巴股份的分红是多是少，不会有太多的异议，利润不多，分红就少。问题是还有一部分股份不是本巴的，那么其他业绩好的巴就不太开心了，他们一定会提出"贡献多者多得，重新分配"的要求。

横向动态股权激励的操作步骤如图5-14所示。

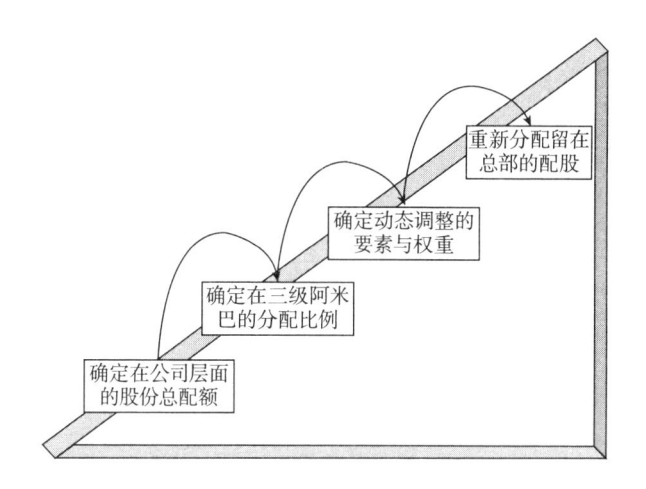

图 5-14 横向动态股权激励的操作步骤

第一步,确定在公司层面的股份总配额。

第二步,确定在三级阿米巴的分配比例。

第三步,确定动态调整的要素与权重。

第四步,重新分配留在总部的配股。

下边详细讲解一下四步的思维与操作细节,思维是"渔",操作是"鱼"。

第一步,确定在公司层面的股份总配额。

第二步,确定在三级阿米巴的分配比例。

以上两步完全可以参照"纵向激励"中的"第一种情况,阿米巴未裂变和组合时"的第一步到第五步,可以得出表 5-13。

表 5-13 股权激励初始化数据

巴名	各巴净资产估值(万元) A	各巴股本数(万股) B	股价(元) C=A/B	各巴占总公司资产 D=A/3000 (%)	一级巴长配股 配股(万股) E=规定	一级巴长配股 占总公司股比 F=E/3000 (%)	留在总公司的配股数量 占个人配股 G=E×20% 股数	留在总公司的配股数量 占总公司股比 H=G/3000 (%)	留在本巴里的配股数量 占个人配股×80% 股数 I=E-G	留在本巴里的配股数量 占本巴的股份 J=I/A (%)
甲巴	600.00	600	1.00	20.00	75.00	2.50	15.00	0.50	60	10.00
乙巴	700.00	700	1.00	23.33	75.00	2.50	15.00	0.50	60	8.57
丙巴	800.00	800	1.00	26.67	75.00	2.50	15.00	0.50	60	7.50
丁巴	900.00	900	1.00	30.00	75.00	2.50	15.00	0.50	60	6.67
合计	3000.00	3000		100.00	300.00	10.00	60.00	2.00		

甲、乙、丙、丁四个阿米巴是属于同一个上级巴的四个并列单位，且性质相同。从表5-13中的数据A和数据E可以看出，虽然他们各自所在阿米巴净资产不等，但公司给他们的配股总数是一样的，即75万股（数据E）。前面已经讲过了起点公平，因为他们现在所在巴的规模大小不一定完全取决于他们个人的成就，说不定有的刚刚调过去当巴长。

减去留在总部的配股（数据G）之后，他们四人留在本巴的配股也是一样多的（数据I），但由于各巴的净资产不同，所以折算下来，他们占各自所在巴的股份比例就不同了（数据J）。这时，他们四人的收益是高度一致的。

第三步，确定动态调整的要素与权重。

一年后，四个巴的净资产或估值已经发生了变化，即从表5-14中的数据A变成数据B了。从增值金额来讲，有多有少；从增值幅度来看，有高有低。由于四个巴的基数A不同，所以增值金额多的巴不一定就是增幅高的巴，反之亦然（数据C和数据E）。

在股权激励的结构上（过去、现在、未来），老板已经很科学、很公平地把大家放在同一起跑线上，至于谁跑得更快、更久、更远，那就看赛马的水平了。不管是增值多的还是增幅大的，都意味着给公司的贡献更大，如果还按起跑线的规定给他们同样的报酬，这显然是不科学、不公平的，于是就需要调整。

表 5-14 经营一年后变化的数据

巴名	各巴净资产或估值期初数据A(万元)	经营一年后各巴净资产或估值B(万元)	增长金额 C=B-A(万元)	占增长总金额的比例 D=C/TD(%)	增长比例 E=C/A×100%
甲巴	600.00	680.00	80.00	22.50	13.33
乙巴	700.00	780.00	80.00	22.50	11.43
丙巴	800.00	892.00	92.00	25.88	11.50
丁巴	900.00	1003.50	103.50	29.11	11.50
合计	3000.00	3355.50	355.50	100.00	11.85

由于激励对象的一部分股份是留在他所在的阿米巴的，他在本巴的股份占比没有变，那么其收益就会随着本巴的增值同比例增长。因此，这部分是不需要调整的（表5-13中的数据H和数据I）。那么，需要调整的部分就是非本巴的部分（表5-13中的数据E）。

动态调整需要参考的要素主要就是"增长的金额"（利润或资产）和"增长的幅度"。

两者虽然不矛盾，甚至是相辅相成的，但在现实操作中还是有其侧重意义的。如果只是考虑"金额增长"这一要素，那么原来基数较小的巴吃亏的概率极高；反过来，如果只是考虑"增长的幅度"这一要素，那么原来基数较大的巴吃亏的概率极高。因此，需要对这两个要素加权。

笔者在讲课或做咨询项目的时候，也会有人问，能不能将"金额增长"与"增长幅度"这对要素改为"利润增长"与"收入增长"呢？这样我们就比较好把握他们的权重，也就是比较容易把握什么时候要"利润"，什么时候要"规模"。乍一听有道理，但是被笔者否定了，因为这里主要是用来调整激励对象留在公司总部股份多少的，并不是常见的绩效考核指标。决定一家企业的股本数和每股价格的，往往是资本规模而不是收入模块，因为收入再多，企业也有可能是亏损的。从这个角度来说，收入再多也有可能是虚假的繁荣。

那么，哪个要素更重要、权重更大呢？我想这也是动态的。权重的数学模型有很多种,但现在最常用的还是经验估计法。虽然是根据经验估计的,但绝对不是无源之水,不是掷骰子。根据笔者多年的咨询经验,通常需要参考以下几个方面:

A. 企业发展的阶段。

一般来说,企业的初创期由于收入、利润的基数不大,而且亟须资金快速发展,因此更看重"金额增长"。另外,如果基数太小,就算"增长幅度"达到300%,也有点自我安慰的感觉,意义不大。反之,如果企业到了快速发展阶段,那么"增长幅度"就更重要。表5-15的经验估计值以供参考。

表5-15 企业不同发展阶段两种增长的权重　　单位:%

	初创期	发展期	成熟期	衰退期
金额的增长	70	30	60	50
幅度的增长	30	70	40	50

B. 企业现有的规模。

这个比较容易理解,一般来说,企业发展到一定规模以后,其增长的幅度是不大的,那么当然是看重金额增长,反之亦然。表5-16的经验估计值以供参考。

表5-16 不同规模的企业两种增长的权重　　单位:%

	小微	小型	中型	大型和超大型
金额的增长	70	60	50	70
幅度的增长	30	40	50	30

C. 企业竞争态势。

行业竞争态势也会影响企业是关注"金额增长"还是"增长幅度",表5－17的经验估计值以供参考。

表5－17 行业竞争态势与两种增长的权重　　　　单位:%

	潜伏摸索期	无序竞争期	快速发展期	成熟稳定期
金额的增长	30	40	50	60
幅度的增长	70	60	50	40

D. 企业处于特殊阶段。

行业特点与行业竞争态势常常很难被某一两家企业改变或左右,就算在相同的外部环境下,每家企业也会有它的某一阶段的特殊性,这将决定着他们在这个阶段是偏向于"金额的增长"还是"增长的幅度"。

以资本运作为例,天使投资阶段、风险投资阶段、私募股权投资阶段、上市后股票投资阶段,不管是哪个阶段,投资者都没打算将其所投资的资本长期放在这家企业,他们唯一追求的就是等股价涨了,就将股份卖掉。股价怎么才会涨呢?这个问题很复杂,但归根结底,如果买的人多而卖的人少,那么就涨价。为什么会有很多人想买你们家的股票呢?因为他估计现在买进,过段时间卖出,这期间肯定会涨价。他凭什么估计呢?除了概念炒作之外,就看增长的幅度了。

比如有一家100亿元资产的A企业,每年增长5亿~8亿元,增幅为5%;另有一家5亿元资产的B企业,每年增长1亿~2亿元,增幅为20%~25%,那么你会投资A企业还是 B 企业？答案是显而易见的。反过来思考，如果企业正处于吸引外部投资的阶段，他们肯定要对投资者投其所好，这时"增长的幅度"比"金额的增长"重要得多。

第四步，重新分配留在总部的配股。

从表 5-18 中可以看出甲、乙、丙、丁四人留在公司的总配股是 60 万股（数据 G），平均每人 15 万股，现在由于每个人的贡献不同，所以我们要打破这个平均（留在本巴的股份不需要动）。在第三步里已经介绍了影响重新配股的要素与权重，而且这个权重是动态的，不是一成不变的。随着"金额"与"幅度"这两个要素的权重变化，那么四个人重新分配到的留在总公司的配股也是会变化的。权重的作用就是用来二次划分这 60 万股的，如表 5-18 所示。

当"金额"与"增幅"的权重为 4∶6 时，按甲、乙、丙、丁各自增长的金额占"增长总金额"的比例来二次划分 24 万股；按各自增长的幅度与"平均增长幅度"的比例来二次划分 36 万股，由此可以得出表 5-19 的数据（计算公式已在表中注明，就不多做解释了，读者可以通过公式来理解其中的逻辑）。这时可以看出，原来四人留在公司总部的配股由各人 15 万股已经改变为表 5-19 中的数据 J 了，这就打破了"吃老本"的平均主义，达到了动态激励的效果。

同理，当金额∶增幅 = 5∶5 或 6∶4 时，可以得出表 5-20 和表 5-21 的数据。

第五章 合伙制的五大机制

表5-18 权重变化时二次划分的配股变化对照

权重\要素	金额：幅度=1：9时 权重（%）	金额：幅度=1：9时 分配	金额：幅度=2：8时 权重（%）	金额：幅度=2：8时 分配	金额：幅度=3：7时 权重（%）	金额：幅度=3：7时 分配	金额：幅度=4：6时 权重（%）	金额：幅度=4：6时 分配	金额：幅度=5：5时 权重（%）	金额：幅度=5：5时 分配
增长金额	10	6万股	20	12万股	30	18万股	40	24万股	50	30万股
增长幅度	90	54万股	80	48万股	70	42万股	60	36万股	50	30万股

表5-19 当金额：增幅=4：6时配股调整

巴名	各巴净资产或估值期初数据A（万元）	经营一年后各巴净资产或估值B（万元）	增长金额 增长金额C=B-A（万元）	增长金额 占增长总金额的比例D=C/TD（%）	增长比例 增长比例E=C/A×100%（%）	留在总部需要重新分配股份数（万股）F=60万股 按增长金额占重新分配的权重F=60%=规定	留在总部需要重新分配股份数（万股）F=60万股 按增长金额占重新分配的权重 重新分配到个人G=F×D	留在总部需要重新分配股份数（万股）F=60万股 按增长比例占重新分配的权重H=规定	留在总部需要重新分配股份数（万股）F=60万股 按增长比例占重新分配的权重 重新分配到个人I=H/4×(1+E-TotE)	重新分配后个人在总部的股份数J=G+I（万股）
						按增长金额（万股）= 40%×60	F=规定（万股）= 40%×60	H=规定（万股）= 60%×60		
甲巴	600.00	680.00	80.00	22.50	13.33	24.00	5.40	36.00	9.12	14.52
乙巴	700.00	780.00	80.00	22.50	11.43		5.40		8.94	14.34
丙巴	800.00	892.00	92.00	25.88	11.50		6.21		8.97	15.18
丁巴	900.00	1003.50	103.50	29.11	11.50		6.99		8.97	15.96
合计	3000.00	3355.50	355.50	100.00	11.85		24.00		36.00	60.00

213

表 5-20 金额:幅度 = 5:5 时配股调整

巴名	各巴净资产或估算数据期初值A(万元)	经营一年后各巴净资产或估值B(万元)	增长金额		增长比例	留在总部需重新分配的股份数(万股)			重新分配后个人在总部的股份数J=G+I(万股)
			增长金额C=B-A(万元)	占增长总金额的比例D=C/TD(%)	增长比例E=C/A×100%	按增长金额占增长总金额比例重新分配(万股)F=规定(万股)50%×60	重新分配到个人的权重G=F×D	按增长比例占重新分配的权重H=规定(万股)50%×60	重新分配到个人的权重I=H/4×(1+E-TotE)
甲巴	600.00	680.00	80.00	22.50	13.33	30.00	6.75	30.00	7.60	14.35
乙巴	700.00	780.00	80.00	22.50	11.43		6.75		7.45	14.20
丙巴	800.00	892.00	92.00	25.88	11.50		7.76		7.47	15.24
丁巴	900.00	1003.50	103.50	29.11	11.50		8.74		7.47	16.21
合计	3000.00	3355.50	355.50	100.00	11.85		30.00		30.00	60.00

表 5-21 金额:幅度 = 6:4 时配股调整

巴名	各巴净资产或估算数据期初值A(万元)	经营一年后各巴净资产或估值B(万元)	增长金额		增长比例	留在总部需重新分配的股份数(万股)			重新分配后个人在总部的股份数J=G+I(万股)
			增长金额C=B-A(万元)	占增长总金额的比例D=C/TD(%)	增长比例E=C/A×100%	按增长金额占增长总金额比例重新分配(万股)F=规定(万股)60%×60	重新分配到个人的权重G=F×D	按增长比例占重新分配的股份数(万股)H=规定(万股)40%×60	重新分配到个人的权重I=H/4×(1+E-TotE)
甲巴	600.00	680.00	80.00	22.50	13.33	36.00	8.10	24	6.09	14.19
乙巴	700.00	780.00	80.00	22.50	11.43		8.10		5.97	14.08
丙巴	800.00	892.00	92.00	25.88	11.50		9.32		5.97	15.29
丁巴	900.00	1003.50	103.50	29.11	11.50		10.48		5.97	16.45
合计	3000.00	3355.50	355.50	100.00	11.85		36.00		24.00	60.01

权重调整时，每个人留在总公司的配股数是不同的。至于调整的周期是每年一次还是几年一次，这就看企业的需要了。制定调整周期规则，一般会有以下两种情况：

A. 固定调整的周期。

每年调整一次，当然能够起到及时激励的作用，但也要考虑操作成本与激励对象收益变动大小之间的性价比。比如公司好不容易兴师动众进行调整，结果业绩好的激励对象也只是增加了1000元的收益，业绩差的也只减少了800元的收益，那还有什么意思？连激励对象自己都不在意，公司老板何必多操这些有劳无功的心？

我们以表5-22中的数据举例测算一下，权重5:5是个中庸的值。

由于表5-22只告诉了读者与资产有关的数据，没有直接告诉资产收益率，也就是不知道每股的收益。我们可以找两个公开的数据做参考。

表5-22 2019年中国500强净资产收益率（ROE）前十名

排名	公司名称	ROD（%）
311	广东韶钢松山股份有限公司	53.52
343	仁恒置地集团有限公司	47.09
474	方大特钢科技股份有限公司	45.41
404	中国旭阳集团有限公司	45.37
190	柳州钢铁股份有限公司	43.78
101	湖南华菱钢铁股份有限公司	38.67
456	汉能薄膜发电集团有限公司	37.99

续表

排名	公司名称	ROD（%）
248	福建三钢闽光股份有限公司	35.5
172	新城发展控股有限公司	35.3
479	佛山市海天调味食品股份有限公司	31.46

资料来源：《财富》，http://www.fortunechina.com/fortune500。

从表5-22中大概取个中间值（柳州钢铁与华菱钢铁之间）约40%，用这个数套到表5-20中，得出表5-23的数据。

从数据J来看，调整后减少收益最多的是乙巴长，减少了3600元；增加收益最多的是丁巴长，增加了5400元。单从这个数据看，估计大家的兴趣不大。当然资产为3355.50万元的公司不大，如果放大100倍，那么乙巴长的收益就少了$0.36 \times 100 = 36$万元，丁巴长就多了54万元。这对于中国企业中高层干部平均年收入来说是一个非常令人心动的数据！这时候，大家对调整就感觉有积极性了。

总之，如果调整前后的数据变化不足以让激励对象动心，那么就固定3年调整一次即可。反之，则可以规定每年调整一次。

B. 视收益的差距而定。

我们也可以规定调整前后最大差幅≤10%时，就不调整，反之则调整。至于到底是10%还是其他，大家议而决之即可。

表 5-23 某种参数下调整前后的收益对比

基础数据					调整前收益			调整后收益		对照	收益增减幅度(%) K=J/G
净资产(万元)A	收益率B(%)	总收益 C=A×B	总股数(万股)D	每股收益(元)E=C/D	巴名	总部留股(万股)F	调整前收益(万元)G=F×E	总部留股(万股)H	调整前收益(万元)I=H×E	调整前后差额(万元)J=I-G	
3355.50	40.00	1342.20	3000.00	0.45	甲巴	15	6.711	14.35	6.42	-0.29	-4.33
					乙巴	15	6.711	14.20	6.35	-0.36	-5.33
					丙巴	15	6.711	15.24	6.82	0.11	1.58
					丁巴	15	6.711	16.21	7.25	0.54	8.09

注：某种参数是指：收益率＝40%；全额：增幅＝5∶5。

从表5-23中的数据K来看，甲巴长的收益变化为-4.33%，丁巴长的收益变化为8.09%，都在±10%的范围内。

总之，调节两个要素的权重，每个人的收益就会发生变化，企业可以选择激励的幅度，如表5-24所示。

> **胡博士点拨**
>
> 合伙的基本原则，有的出钱，有的出力，有的出"名"，有的三者或两者都出。因此，总体上我们就应该体现"就出钱而言，出钱多的应该比出钱少的收益多；就出力而言（业绩），出力多的应该比出力少的收益多"的原则。
>
> 合伙人除了直接收入外，还有三个间接的增值收益，即商誉、借贷和股权交易。有时候这些增值收益甚至远远超过直接收入，这也是做合伙人比纯粹打工更有长远利益之处。

表 5-24 多次调整权重时配股调整对照（局部）

	增长金额		增长幅度		标准配股（万股）	X：Y=6：4		X：Y=5：5		X：Y=4：6	
	金额（万元）	排名	幅度（%）	排名		股数（万元）	增减（%）	股数（万元）	增减（%）	股数（万元）	增减（%）
甲巴	80.00	3	13.33	1	15	14.19	-5.40	14.35	-4.33	14.52	-3.19
乙巴	80.00	3	11.43	2	15	14.08	-6.16	14.20	-5.33	14.34	-4.39
丙巴	92.00	2	11.50	3	15	15.29	1.91	15.24	1.58	15.18	1.20
丁巴	103.50	1	11.50	3	15	16.45	9.67	16.21	8.09	15.96	6.37
合计	355.50		11.85		60	60.01	0.02	60.00	0.01	60.00	0.01

219

第五节　退出与结算机制

合伙协议本身就有一个期限,我们可以规定一个期限,它不像有些责任公司,自然就认为你是无期限的。那作为合伙人,他怎么退出?退出时怎么结算?

一、六种退出原因

在合伙企业中,如果你完成不了合伙人的使命,只能选择退出。一般合伙人退出,归纳总结有六种原因,如图5-15所示。

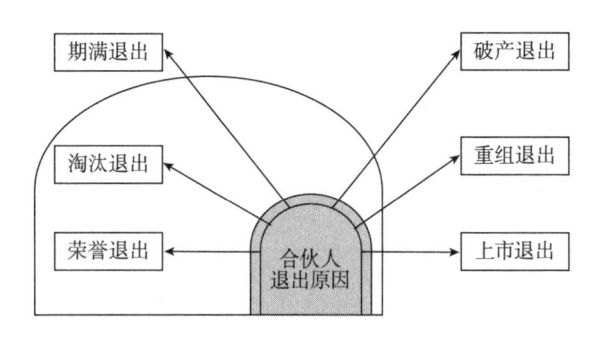

图 5-15　合伙人的六种退出原因

第一,期满退出。合同期满的、协议期满的退出。

第二,淘汰退出。你没有达到当初预期的业绩,没有做出当初预期的贡献，公司淘汰你。

第三，荣誉退出。到了退休年龄因为你为这个团队做了比较大的贡献，因此公司给你保留了一定的荣誉，但是人员退出。

第四，破产退出。这个合伙企业做得不好，或者这个合伙制的阿米巴一直业绩不好，被其他企业或被企业内部的其他阿米巴给并购了。比如西北区每年的业绩都完成不了，不单是没有完成利润，甚至还亏损，那么就有可能由华南区这个阿米巴把西北区的阿米巴接管过来，原来西北区的这个负责人就要被撤换掉。那么西北区的这个合伙制的阿米巴，就注销重新再来，这个叫破产退出。

第五，重组退出。比如这个合伙制需要增加新的资金，加入新的股东，进行资产重组，那有的人就想退出，这个也是一种退出。

第六，上市退出。例如，济南水处理公司的案例，因为公司拿了0.5%的股份放在这个合伙企业里面，那也意味着这个合伙企业拥有水处理总公司的0.5%的股份。如果水处理公司上市了，那么我们作为小股东，这部分的股份可以选择退出。

合伙人退出大概就有这么六种：期满退出、淘汰退出、荣誉退出，破产退出、重组退出和上市退出。但在实际操作过程中，也许还会有一些其他的情形。

二、退出如何结算

第一种，协议期满退出。那大家就按照当初的股份比例来承担这个合伙企业的债权债务，如果有约定，就按约定执行。比如约定了有普通合伙人和有限合伙人，如果这个合伙企业有债务，那么有限合伙人不再承担无限关联责任，而是由普通合伙人去承担。如果整个企业还是有盈利的，有债权的，那么债权也是按照当初的股份比例来享有。

这分为两种情况，一种是盈利的，还有一种是亏损的。如果盈利了退出，那么大家就应该按照当初的比例来分享这个盈利。

如果有亏损了，就分为两种情况：有限合伙人不承担无限关联责任，就不再拿钱出来了；普通合伙人就要再拿钱出来偿还债务，而且是无限关联，可能最后导致房子也要卖掉。当然这种现象是比较少的。

有一种技巧可以跟大家分享一下。比如法人来作为合伙企业里面的普通合伙人，他的关联责任也就到这个有限责任公司为止。比如张三来做一个合伙企业里面的普通合伙人，万一这个合伙企业有债务，是不是要张三的整个身家来赔偿呢？当然不是。张三可能就会注册一个有限责任公司，这个有限责任公司注册资本是100万元，他以公司法人的身份去做合伙企业的普通合伙人。如果这个合伙企业亏损了1000万元，张三要承担无限责任，无非就是把那个有限责任公司的

100万元赔偿进来，其他的就走法律程序。这也是一种保护个人财产的方法。

第二种，淘汰退出。淘汰退出是带有一定的惩罚性质的，它也分为两种情况。当这个公司的净资产大于当初的投资额的时候，也就是说这个公司还是有盈利的，那么这个人退出的时候，只需要把他当初投入的本金还给他就可以了。至于要不要算利息，要看协议怎么规定。你可以规定不算，也可以规定算。所以，合伙协议一定要写详细，否则后面确实很容易扯皮。

相反地，当这个企业有负债时，这个被淘汰的合伙人如果不是普通合伙人，而是有限合伙人，那么就按照这个负债的比例归还本金。如果本金都拿不出来了，大家可能要破产清算。而且因为带有惩罚性质，即使企业之前盈利了，还有很多没有分配的利润，也可以不分配给他。

比如我们上年盈利了1000万元，今年又盈利了1500万元，加起来是2500万元。上年盈利1000万元的时候，只分到800万元，还有200万元没分配。今年盈利1500万元，分了1000万元，还有500万元没有分配，一共就有700万元没分配。如今我被淘汰退出，那没分配的700万元呢？是不是应该按照我的股份比例进行分配？

所以，我再三强调，为了大家能好聚好散，还是应该把协议的条文定得更加科学、更加细致一些。生意不成人情在。特别是咱们中国人，当初合伙时就有点志同道合，相互认识。

那生意做不成，朋友还是要做的。还能不能做朋友，就取决于当初我们的约定是否详细，否则生意做不成，朋友也不在了，甚至成为冤家对头，这是我们不希望发生的。

第三种，荣誉退出。所谓的荣誉退出，就是我年龄大了，在这个合伙企业里面不能继续工作了，这个合伙企业可以保留我的股份，保留一定的期限。

因为合伙企业是个小规模的企业，希望你既出钱又出力才有意义。如果你只是出钱，不出力，就变成单纯的投资了。既然你曾经为这个企业做过比较大的贡献，其他的合伙人商量，认为这个企业经营状况还不错，就保留你的股份，比如保留三年、五年，或者保留终身。当这个人故去的时候，就不再保留了。每年该分红的还是给你分红，不像有限责任公司和股份有限公司，你就算故去，也有一个法定继承人。

第四种，破产退出。这种情况跟期满退出差不多，只是因为经营不好，有债务需要偿还，有限合伙人就不再承担这个企业的债务了。

比如，我们当初一共投资1000万元来做这个合伙企业，其中两个人是作为普通合伙人来承担无限关联债务责任的。我是属于有限合伙人，当初投入了100万元，占这个合伙企业10%的股份。后来这个企业经营不善，在外面还负债500万元。那按照比例来讲，这500万元负债，其实我应该也有份儿，就是个人承担10%的债务。

如果我不做了，那么不但退不出钱来，还要再拿50万元填补。但如果我是有限合伙人，即使负债，我也不承担债务，只是我当初投的 100 万元就没有了，至于整个企业欠债 500 万元，跟我没关系。破产退出，也有债权，比如应收账款还没有收回来的部分我也有份儿。

第五种，重组退出。合伙企业需要加大投资，如果我不想继续投入，甚至不想做了，就可以选择退出。如果企业盈利，至少还会把本金返给你；如果企业亏损，你是没有权利要求其他的合伙人来填补你当初出的资金的。

第六种，上市退出。为什么我们在设计协议的时候，建议投资合伙企业的公司不出现金，只需要出股份呢？

一方面，这个合伙企业有上市的可能；另一方面，万一这个合伙企业经营不善，但是公司整体的经营业绩好，我至少也可以得到一部分分红，放在合伙企业里。比如这个合伙企业本身经营占了 80 万元，然后有 0.5% 的股份是从总公司分红过来的，至少能分 30 万元。

当然那 30 万元就属于非经营性的收入，这样就让大家更加安心地去做这个合伙企业，更加放心地去投入资金。因为背后有一个靠山，让大家减少一些后顾之忧。以济南水处理公司为例，总公司上市了，我们拥有 0.5% 的股份，这部分股份怎么退出？这个根据上市公司相关的法律法规操作就可以了。一般小股东在一年之内是不可以退出的，你还可以单独地去约定，等等。

这些约定一定要写到合伙人协议中。都说合伙容易散伙难，因为合伙的进入规则都说好了，退出机制没有设计得完美，那一旦有人退出，摩擦就大了，人际关系就恶化了。所以退出机制的条款，越详细越好，大家开开心心地散伙。

合伙制的五大机制，即责任与授权机制、目标与考核机制、审计与监察机制、分配与激励机制、退出与结算机制，这五大机制的内容都应该是我们合伙协议里面包含的，有一个清晰的记录，有一个分工的责任，也有规范的退出机制，这样才能把这个合伙企业共同经营好、打造好。

> **胡博士点拨**
>
> 真正的合伙人的责任就是，必须对具体经营数据负责。每个合伙人的肩上必须承担他所在的岗位的经营责任。这些"责任"每年都必须量化，没有达到目标的，轻则减少年薪、行政降级；重则减少股份，直至退出合伙人。

本章总结

⊙责任与授权机制，包括责重四问、权大三问。

⊙目标与考核机制，即按一定的指标或评价标准衡量高层管理人员完成既定目标和执行工作的情况，根据衡量结果给予相应的奖励。

⊙审计是对结果、财务进行审查，这是对结果的判定。督察是对过程、对行政监督，是对行为过程的监督。

⊙分配与激励机制是企业将远大理想转化为具体事实的连接手段，是实施合伙制的重要机制。

⊙阿米巴股权激励，分为纵向激励和横向激励。

⊙退出与结算机制，包括六种退出原因，以及退出结算方法。

第六章

柏明顿管理咨询客户成功案例

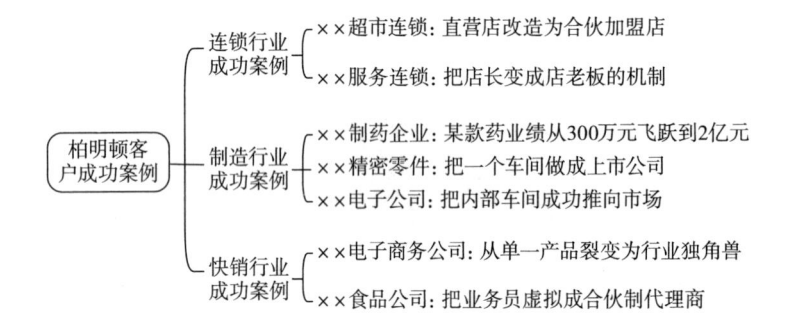

```
                    ┌─ 连锁行业  ┌─ ××超市连锁：直营店改造为合伙加盟店
                    │  成功案例  └─ ××服务连锁：把店长变成店老板的机制
                    │
                    │           ┌─ ××制药企业：某款药业绩从300万元飞跃到2亿元
   柏明顿客 ────────┼─ 制造行业 ─┼─ 精密零件：把一个车间做成上市公司
   户成功案例         │  成功案例  └─ ××电子公司：把内部车间成功推向市场
                    │
                    └─ 快销行业  ┌─ ××电子商务公司：从单一产品裂变为行业独角兽
                       成功案例  └─ ××食品公司：把业务员虚拟成合伙制代理商
```

第一节　连锁行业成功案例

一、××超市连锁：直营店改造为合伙加盟店

连锁行业这种业态很容易做成"阿米巴+合伙制"。

我们有这么一个案例，老板大概有170多家连锁的便利店，当初店长、店员和这个企业是雇佣关系，后来雇佣的成本越来越高，而且员工积极性也有限，我们就建议这位老板把所有的直营店全部改为合伙加盟的方式。

那具体怎么来做呢？首先把这个店的资产盘一下，再根据每年盈利的状况，大概做一个价格。比如这个店的资产是100万元，但是每年的盈利能够达到80万元。那我们就可以做一个价，100万元加80万元再乘以2，作为整个店的价格。

然后大家出钱。以前的老板保留50%的股份，那么剩下50%的股份，就让店长、店员出钱来买。从此以后，店长、店员就是这个店的股东。在经营方面，合伙人也会获得更大的权利。比如80%核心商品应该在本公司内采购，剩余20%核心商品，你认为这个店需要，所在的区需要，可以对外采购。公司内部采购会形成一个合理的价格。

比如统一的进货价是10元，到底加多少采购费卖给店里

面呢？可以商定一个合理的算法。

把直营店全部改为合伙加盟店。先找到这种合伙模式，然后就大力发展成为加盟店。

因为这个连锁店都是销售一些日常百货、生活用品等，不存在什么核心的技术。也就是说，不会因为合伙、加盟，就影响产品质量。当然，一些核心的产品技术含量是比较高的，就不建议做这种加盟的合伙模式。

二、××服务连锁：把店长变为店老板的机制

把直营店改为合伙加盟模式的，还有另一种行业，类似美容美发店的服务连锁店。这家店在全国有2000多家连锁直营店，这也是老板很引以为傲的事，店里面的员工因为两班倒，一家加起来有5个人，全国有2万多名员工。后来做着做着，老板就觉得这个压力太大了。2万多名雇员，很可能会有一些劳动纠纷。店员的积极性也不够高，尽管有提成，还是达不到老板的期望。

我们也逐渐地把店改为合伙制。那怎么来做呢？首先定机制。比如这家店今年的利润目标是100万元，这100万元的提成、奖金还按原来的规定给你。如果利润超过100万元，我就不再发奖金了，而是把这100万元转化为你这个店的股份。

那我们盘算一下，假如一个店的资产是100万元，然后今年的利润超了8万元，那么毫无疑问，从明年开始，你就

占有这个店8%的股份。这8%的股份可以由店长、核心店员一起来分享。

如果你中途退出了，因为你没掏钱，这些股份也就没有了。除非店长做到可以控制多少股份，把这个店变成以店长为主。这个美容美发店的产品，主要是由总公司来供应。那么以前的老板还是可以占到50%以上的股份，也就是说你今年超额了8万元，那8万元就占这个公司——100万元里面的8%的股份，逐渐地每年滚动，一直滚动到能够占50%。

如果这个老板为了进一步地鼓励店长好好地干活，让核心店员不要离开，那你的股份可以继续转让，直到由店长和店员来做大股东。

我们在这个协议里要写好哪些美容美发商品一定要从总部进货，如果你不从总部进货，一旦发现有假冒伪劣的产品流入店里面来，就会损害总公司的品牌形象。毕竟连锁的品牌还是总公司的，你只是负责经营这个店，就得遵守加盟的规则。

一旦发现你有不符合总公司规定的情况，那么公司可以责令这个店长退出，或者核心人员都退出，总公司就把股份收回来。如果股份收回来了，因为当初是把超额部分的奖金转为这个店里面的股份，那么你要人家退出去，当然这部分钱还是要算给人家的。

所以，把店长转变为店老板，你对他的管理就可以放权，加强他的自我管理。因为他都成为这个店的大股东了，怎么还会不努力呢？

这是关于两个连锁业态的案例。那是不是说，只有连锁业态可以做合伙制？当然不是，只能说连锁业态，每一个店天生就是一个阿米巴，划分阿米巴单独核算比较容易，那产品也是一样的。

例如，这个美容美发店，连锁店向总部购买产品，这个产品到底是多少成本价呢？这决定着我这个店的利润空间。以前都是老板直营，就不会告诉店长进价是多少，告诉你售价多少，店长、店员提成是根据你的售价来的。现在采用这种合伙制，要让店长、店员知道，我的进价成本是多少，然后我卖多少才会有利润空间。因为有利润空间才和老板有分成，而以前店里面的利润全都是老板的。所以这个也是让企业快速发展的原因之一。

公司通过这种方式鼓励内部创业。店员自行选址，通过公司评估后开设新店。同样的道理，公司先投资，完成目标任务后多出来的钱，就逐渐转变成你这个店的股份。这样优秀的员工就有积极性去不断开设新店，产生新的裂变，扩大公司的规模。

当然公司也可以自己开设新店，但是成本会比较大，你不可能全国派那么多人去找店址，还是鼓励裂变更合适。员工找到合适的店，就可以向公司申请，申请的方式也可以有好几种，比如我是这个店的店长，你是店员，公司规定你从我这边出去开新的加盟店，那么我作为你以前的店长，要占你这家店一定的股份。店里除了公司的股份、你的股份，还有一部分就是你以前的店长的股份，这就跟前面讲到的三级阿米巴股权激励一样。

这个公司也做得比较好，在两年多内，从2000多家店面变成了4000多家店面，而且管理比以前轻松多了，都是自我管理，自我裂变。

第二节　制造行业成功案例

一、××制药企业：某款药业绩从 300 万元飞跃到 2 亿元

关于制造行业成功案例，柏明顿咨询公司也做得非常多，我也举几个例子。

有一家制药企业，我们顾问跟老板聊，他说公司的产品、药品其实都是非常棒的，但是营销没做好，所以真正好的产品没有卖好。

当时我就提出来，把这款产品的营销模式做成合伙制，注册一个合伙企业，就专门卖这款产品。当然因为要通过 GSP 认证，药品是比较复杂的两票制，对外还是用公司的品牌更合适。

那对内我们就采取这种合伙制的方式。当时有一部分销售人员也同意，我们再找一些在药品销售方面比较有经验的，由三方就是药企、顾问公司，以及外来的人，注册一个合伙企业。

从经济上来讲，产品从药厂卖给合伙企业，要做一个价格。由于合伙企业实行两票制的管理，你是不能单独开票的，

但内部会有一个数据。产品卖给合伙企业，而合伙企业再卖出去，中间就会有一个利润差。那这个合伙企业为了推广这个药品，可能会投入很多的资源，包括做广告，多招销售人员去开发销售渠道。

以前老板经常抱怨，这么好的药品一年才销售300多万元。做了合伙企业以后，大概是两三年的时间，销售额就达到2亿元。因为在这个合伙企业里面，人人都是老板，人人都很想把这个企业做好。所以你看某一款药，从300万元做到2亿元，非常棒。

二、××精密零件：把一个车间做成上市公司

再举一个制造业的例子，它是把一个车间做成上市公司。这个更了不起，这也是合伙制裂变的结果。

有一家公司主要做精密塑料制品，例如，我们手机上用的一些塑料制品，还有一些其他的仪器仪表上的塑料制品。

塑料制品要做得很精密，重要的有两个部分：一个是塑料米，你得改性塑料做得非常好，就像这个面包的面粉要质量好。另一个是模具，模具要很精密。我们把塑料米放入注塑机，通过模具注塑出来的产品才会比较好，当然注塑本身就有很多工艺要求。

我们把这个公司分成几个阿米巴。现在的销售、研发只是专门针对手机和其他仪器上的精密塑料件进行开发，那么在公司里作为一个大阿米巴；同时我们也希望改性塑料团队

做成一个阿米巴，注册一个合伙企业，可以对外去接单，也可卖给内部；以前做模具的车间，我们也注册一个合伙企业，除了为本公司做模具，还可以为外面做模具。

以前做改性塑料的车间，主要是对内销售，没有对外销售，只负责生产。做成阿米巴以后，我们马上就推合伙制，把这个改性塑料车间注册成一个合伙企业。以前的技术人员、生产人员、品管人员，可以来入股。

因为以前这个车间是没有销售的，公司内部鼓励销售人员有这个合伙意向的可以进来，也可以再招外面的销售人员进来。

原始的塑料米要加上很多玻璃纤维和色母，才会有很多的变化，我可能要防酸，要有高强度，或者是防水，还要有颜色，等等。这叫改性塑料。

相对来讲，做改性塑料的，可以开拓无限的空间，比如家里用的塑料桶、塑料脸盆。有工业用的，有民用的，甚至还有航空航天用的，这个空间还是非常大的。最后，公司上市的时候，它的主营业务发生了变化，以前的主营业务是做精密塑料配件，上市的时候主要是做改性塑料，因为对外销售成为这家公司的主营业务了。

以前做模具的车间也是一样，我们采用合伙制让它独立核算，卖给内部是一个价，卖给外面是另外一个价。

这家公司就从一家专门卖精密塑料配件的公司发展成了三家公司。第一，你的精密塑料配件，继续生产，继续销售。

第二，塑料米、改性塑料，可以对外销售了。第三，至于模具，他以前主要做塑胶模具，现在甚至其他的五金模具都可以做了。这个也是非常成功的，把一个车间做成一个上市公司。

三、××电子公司：把内部车间成功推向市场

这是一家电子企业。我们在做阿米巴的时候，把公司内部原来非核心的业务变成合伙制，推向市场，比如以前的注塑、五金、丝印等。公司主营业务是做充电器，充电器需要组装，其中一部分部件是外购，另一部分是内部的若干个车间生产的。要塑料件就自己做，要五金件就自己做，印刷也自己做。

但是公司真正的产品只有一个充电器，卖给不同的企业，配套也好，零售也好。那我们要把这个配套的非核心的产品推向市场，把塑料车间、五金车间、丝印车间、做纸箱的包装盒车间，全部变成合伙制。

做合伙制就要把公司资产评估一下。首先让以前负责这个车间的人员优先购买，如车间主任、生产经理、负责生产技术的人员、负责生产调度的人员，因为你毕竟是公司的一部分，要让这些合伙人成为股东。

做成合伙制之后，就多元销售，不单是卖一个充电器，还可以卖五金件、塑料件，还可以帮人家加工丝印，因为他们的丝印做得比较好。

所以，除了连锁业态，制造行业也是可以做成"阿米巴＋合伙制"的。

第三节 快销行业成功案例

一、××电子商务公司：从单一产品裂变为行业独角兽

柏明顿咨询公司的客户中，有一家专门卖灯具的电子商务公司，采用了"阿米巴＋合伙制"的方式，取得巨大的成功。这家公司以前卖单一产品，只卖家庭用的灯，一年的销售额也就300万元。我们鼓励这家公司导入阿米巴经营模式。公司内部员工可以通过公司这个平台销售。我们一起合伙，公司出多少钱，你们出多少钱，然后产品你可以选择。

实施"阿米巴＋合伙制"之后，公司现在销售的产品几乎涵盖了整个家居生活，甚至包括被套、床单、杯子，等等。但是几乎每一类商品，都采用"阿米巴＋合伙制"的形式单独核算。内部的服务，他们会去购买，比如物流配送；人事行政、费用分摊，他们也做得非常好。在家居互联网电商里面，这家公司一直排名靠前，现在一年有6亿多元的营业额。

这家互联网电商公司是如何采用"阿米巴＋合伙制"的方式的？我们知道，在电商平台上，我们的资金需要滞留一

定的时间才能到服务商手里。比如我在天猫开个店,那客户把钱打到天猫上,天猫过一段时间才把钱转到店里的账户上。这样一来网店的资金压力就大了。

所以经营一段时间后,公司的资金已经支持不住了。因为它快速地裂变,快速地膨胀,你靠利润来滚动,是不够支持这个企业的发展的。

后来我们建议这家公司做成合伙制,大家拿钱入股。这样钱也来了,人也来了,所以平台就做得比较大了。这个互联网的空间,有时候有无限的发展可能。

二、××食品公司:把业务员虚拟成合伙制代理商

这是一家做酒水食品的公司,该公司是如何把业务员虚拟成合伙制代理商的呢?

因为这些酒水要销售到餐馆里面去,收款也是比较难的,所以以前就是业务员发展当地的经销商,经销商再去卖给当地的很多餐馆。后来这个竞争越来越激烈了,利润越来越薄了,你通过公司一层,经销商又一层,中间又有很多的业务员,这样竞争力就削弱了。

事实上,经销商的价值主要是承担货款,因为公司跟经销商的交易是现款现货,而经销商卖到这些餐馆里面,是有一个账期的。那真正开发餐馆的,不是经销商在干,而是这个公司的业务员在干。开发完了之后,这个餐馆进货、进酒水,就到经销商那边去进。这种模式在利润高的时候还可以

支撑下去，但利润一低，竞争就没有力量了。

后来我们就建议这家公司采用"阿米巴＋合伙制"，把业务员虚拟成合伙制代理商。经销商那一级可以跳过，反正都是我们的业务员在开发，那业务员做不了经销商，只能做代理，因为他没这么多钱，这样就变成公司直接和餐馆结算。由于业务员跟餐馆的老板都在一起打交道很多年了，比较熟悉，对接就很顺畅。

以前经销商要收款，业务员只是负责开拓，那现在业务员就要把款项收回来。以前是经销商向公司打现款，我再发货，那业务员变成代理商，他就没钱了，实际上是相当于公司铺货给餐馆。

如果这个业务员无法把款项收回来，怎么办呢？所以这个业务员也要出钱，出多少钱，占多少比例，这是第一步。第二步，把这个雇佣制改为合作制，劳动合同改为合作协议，业务员不再是雇员，而是合伙人。

这样合作后，如果要垫资、垫货，就通过业务员，以公司的名义卖给餐馆。这时因为业务员也出钱了，而且他以前的提成和现在的利润分享简直不是一个量级的，所以业务员的积极性也非常高。

业务员变成了这个公司的代理，然后某一个大区就注册成一个阿米巴，做阿米巴必须合伙，如果你不合伙，这个区就不给你了。当时全国的销售人员都非常积极地竞聘，现在把全国的区做到地级市，以地级市为单位，分成一个阿米巴。

分成阿米巴后，根据地级市单位以往的销售业绩和未来可能产生的销售业绩，公司决定每一个地市单位必须投入100万元，销售人员必须拿40万元出来，最多50万元。那么你一个人不够，还得找另外一个合伙人，至少要有两个人。比如我是属于河北廊坊市的，那我一个人跟公司合伙不行，至少还要再找一个合伙人，我们两个占40%的股份，至于两个人的股份占比，自己商量。

另外一个大区里地级市销售业绩比较好的，定位至少是要投资200万元，实际上这200万元用于整个货物的周转资金还是不够的，因为不可能有那么多现金向公司去买断商品，然后再发货到餐馆。但是销售人员有了这个责任，有了这个压力，那就不一样了。首先要把你现在账上的钱用光。也就是说，我们投资200万元成立合伙制阿米巴，销售人员一共占了40%，就是80万元。那公司不掏现金，配额120万元，再加上你有80万元的现金，我发给你80万元的货，这不就200万元吗？

总之，"阿米巴＋合伙制"真的就像"钢筋＋水泥"一样，非常有效。阿米巴是把企业做强，因为形成内部交易，可以引入外部竞争；合伙制是把企业做久做大。所以，"阿米巴＋合伙制"是一种比较好的，至少到目前为止我认为是最高端的经营和管理的模式。

"阿米巴＋合伙制"，不分行业，也不管企业规模大小，都是适应的，只是说阿米巴如何去做好"分、算、奖"，合伙制如何去设计好进入机制、激励机制和退出机制。我相信你的企业也一定能够适应，采用这种"阿米巴＋合伙制"的方式，让企业做大、做强、做久。